図解 ビジネスモデルで学ぶ スタートアップ

Ikemori Yuki

池森裕毅

監修

日本能率協会マネジメントセンター

はじめに

日本経済が復活を果たすには
スタートアップ企業の活躍が不可欠

　2023年、日本のGDPはドイツに抜かれ世界4位に転落しました。さらに、2025年にはインドにも抜かれる見通しであることが報じられています。1990年代までは、アメリカと同等の経済規模を誇った日本が衰退している理由は何でしょうか？

　理由はいくつも考えられますが、最大の理由は国内で世界的なスタートアップ企業が誕生していないことです。

　アメリカでは世界的なスタートアップ企業が続々と誕生し、国内経済の成長に大きな貢献を果たしています。GAFAMの内、Google、Amazon、Metaの3社は1990年代以降に誕生した企業で、ほかにもTeslaやNVIDIAなど世界的なスタートアップ企業が数多く誕生しています。もし、日本にも世界的なスタートアップ企業が誕生していれば、国内経済は現在とまったく違う状況だったでしょう。日本が再びアメリカと肩を並べる経済大国になるためには、世界的なスタートアップ企業が必要なのです。

　本書は、スタートアップに興味がある・就職や転職を検討している皆さんが、スタートアップについて理解を深め、将来有望な企業を評価する方法を紹介します。本書が、将来スタートアップ界で活躍される皆さまの、お役に立てれば幸いです。

はじめに 3

1章　スタートアップとは何か

1-1　ほかのビジネスとは異なるスタートアップの特徴とは 10

1-2　スタートアップってベンチャーと何が違うの? 12

1-3　スタートアップの成長段階は4つの成長ステージに分類される ... 14

1-4　政府によるスタートアップ支援の取り組みの歴史を理解する ... 16

1-5　スタートアップは「新しい資本主義」の要となる 20

1-6　国策として飛躍が期待されるスタートアップ 22

1-7　地域活性化への貢献も期待されるスタートアップ 26

1-8　世界経済の牽引役となったスタートアップ 30

1-9　スタートアップ活況の背景にあるベンチャーキャピタルとは ... 34

1-10　スタートアップは世界を変えて私たちの生活を豊かにしている ... 36

2章 自分に適した スタートアップで働く

2-1　スタートアップなら「報酬」も「達成感」も得られる ……… 42

2-2　「大企業なら安心」は時代錯誤、後悔しない選択を ……… 44

2-3　スタートアップには誰もがチャレンジできる可能性がある ……… 46

2-4　まずスタートアップ選びで重要なのは「企業ビジョン」 ……… 48

2-5　スタートアップでは自ら行動して
仕事を作り出すことが求められる ……… 50

2-6　就職・転職活動をする前に情報は徹底的に調査する ……… 52

2-7　成長ステージごとで求められる能力・人物像 ……… 56

2-8　スタートアップで働く前にできること・やっておくこと ……… 58

2-9　働くのにおすすめなスタートアップ企業の成長ステージ ……… 60

2-10　ベンチャーキャピタリストが投資している企業に注目 ……… 62

2-11　起業家や経営者層と話をするときの準備をしておく ……… 66

2-12　起業家は社員にも失敗を成功の糧にすることを望んでいる ……… 68

スタートアップの ビジネスモデルを評価する

3-1 ビジネスモデルの理解に役立つ2つのビジネスモデル ⋯⋯⋯⋯ 72

3-2 ビジネスのアイデアを評価するには
起業家の視点を持つことも大切 ⋯⋯⋯⋯ 76

3-3 ビジネスは先行者が有利とは限らない ⋯⋯⋯⋯ 80

3-4 スタートアップのビジネスモデルには競争優位性が不可欠 ⋯⋯ 82

3-5 代替性のある製品やサービスは他社との競争が激しい ⋯⋯⋯⋯ 84

3-6 競争優位性を評価するのに役立つ8つの視点 ⋯⋯⋯⋯ 88

3-7 アイデアの市場規模を見極める ⋯⋯⋯⋯ 94

3-8 利用できるサービスは実際に利用してみる ⋯⋯⋯⋯ 98

3-9 革新的なアイデアでも法整備が整わなければ
国内では普及しない ⋯⋯⋯⋯ 100

3-10 どこから資金が出ているのかを調査する ⋯⋯⋯⋯ 104

4章

現在、参考にすべき
スタートアップのビジネスモデル

COMPANY 01	マザーハウス	108
COMPANY 02	ヘラルボニー	114
COMPANY 03	アイカサ	120
COMPANY 04	タスカジ	126
COMPANY 05	アソビュー	132
COMPANY 06	akippa	138
COMPANY 07	FUNDINNO	144
COMPANY 08	SmartHR	150
COMPANY 09	INFORICH	156
COMPANY 10	ゲシピ	162
COMPANY 11	ユーグレナ	168

COLUMN

01　経済なき道徳は寝言という現実 ⋯⋯⋯⋯⋯⋯⋯ 40

02　大切なのはユーザー目線 ⋯⋯⋯⋯⋯⋯⋯⋯⋯⋯ 70

03　スタートアップで生き残れる人 ⋯⋯⋯⋯⋯⋯⋯ 106

04　手段はスタートアップだけではない ⋯⋯⋯⋯ 174

おわりに ⋯⋯⋯⋯⋯⋯⋯⋯⋯⋯⋯⋯⋯⋯⋯⋯⋯⋯⋯⋯ 175

1章

スタートアップとは何か

日本経済が成長するために、なぜスタートアップが重要なのか。そもそもスタートアップとは何なのかを知ることで、スタートアップに挑戦する意欲が高まるでしょう。

スタートアップとは一般企業とは
何が違うのかをまず理解しましょう。

ほかのビジネスとは異なる
スタートアップの特徴とは

スタートアップとは

　現在、スタートアップについての明確な定義はありません。しかし、**国内・海外ともにエクイティ（株式の発行）による資金調達を行っていることが、スタートアップとして重要な要素**といわれています。なぜ、エクイティによる資金調達が重要なのかは、スタートアップの特徴からわかります。

　スタートアップの特徴の1つが「成長スピードの早さ」です。一般的な会社は巨額な赤字を生むような先行投資には積極的ではありません。しかし、スタートアップ企業は赤字になることを覚悟して初期投資を行い、その後に急成長して、一気に投資資金を回収して大きな利益を目指します。先行投資には資金が不可欠。スタートアップはその資金をエクイティによって調達するのです。

　2つめの特徴としては「アイデアやビジネスモデルなどに革新・最新性がある」ことがあります。既存のビジネスにはなかった革新・最新性が、新たな社会を創造して大きな需要を獲得することにつながって、早い成長の原動力となるのです。前例のないビジネスに挑戦するので、リスク管理が強く求められる銀行から融資を受けるのは難しく、エクイティによる資金調達が重要なのです。

イグジットまで意識しているのがスタートアップ

IPO（新規上場株式）やM＆A（合併・買収）などによるイグジット（出口戦略）を意識していることもスタートアップの特徴の１つです。これは、スタートアップ全体を盛り上げるためにも必要な特徴といわれています。その理由は、イグジットによる短期間での大きなリターンがなければスタートアップ企業を起業したり、投資を行う人が少なくなってしまうからです。スタートアップの重要な要素であるエクイティによる資金調達をしやすくするためにも、多くのスタートアップ企業がイグジットを果たして、起業家や投資家に利益を還元することが求められています。

　また、起業家や投資家はイグジットで得た資金で、再びスタートアップを起業したり、今度は投資をしたりして、新たな革新・最新性のあるアイデアやビジネスモデルの展開に貢献する場合があります。

　スタートアップが急成長を目指す背景の1つにはこの循環を早める狙いがあるのです。**このようなスタートアップのエコシステム（循環する仕組み）が成立することで、経済成長の担い手となる企業が続々と誕生します**。そして、その企業が展開する革新・最新性あるアイデアやビジネスモデルによって多くの社会課題が解決されるのです。

スタートアップのエコシステム

同じ起業でも意味合いが違う？
ポイントとなるのは何かを学びましょう。

スタートアップって
ベンチャーと何が違うの？

日本におけるベンチャーとスタートアップの違い

　スタートアップとよく似た言葉に「ベンチャー」があります。日本では長らく、「ベンチャー＝新たな事業をはじめる企業」という認識がありました。新たな事業という共通点があるため、スタートアップもベンチャーの一種だと思われていることもあります。

　実際、スタートアップが登場した頃には、スタートアップはベンチャーの1つの型と考えられていたことがあります。ベンチャーという大きな枠組みの中で、「スモールビジネス型」と「スタートアップ型」に分けられていたのです。現在では、スモールビジネス型がいわゆるベンチャーで、スタートアップは別物であるという捉え方がスタートアップの考え方の基本です。

　スタートアップは急成長を目指して巨額の投資などを行うため、初期の収支はマイナスであることがほとんど。一方のベンチャー（スモールビジネス）は、マイナスを出さずに着実な成長を重ねるビジネスです。つまり、**既存のビジネスモデルをベースにしているベンチャーは収支予測が立ち、最初からマイナスを避けられるのに比べ、スタートアップは革新性が高いため最初から収益を上げることは難しい点が大きく違います。**

大規模な資金調達をすることが多いスタートアップ

　スタートアップとベンチャーの大きな違いが、**VC（Venture Capital）などから大規模な資金調達をしているかどうかです**。スタートアップ企業は、赤字を出しても先行投資をして早い成長を目指しますが、そのためには資金が不可欠なのでVCから資金を調達するのです。

　VCがスタートアップ企業に投資するのは、イグジットによる利益が目的。一般的なVCの場合、投資期間は約10年と、かなり期間があるように感じるかもしれません。しかし、VCが10年で利益を得るためには、投資先の企業が5年程度で事業を拡大して、イグジットが具体的に意識できる段階になっている必要があります。これは、IPOやM＆Aがすぐにできるわけではないため。こういった背景があり、スタートアップ企業はVCからスピード感のある成長を求められます。

　ベンチャーという大きな枠の中には、堅実な成長を遂げるタイプの企業もあります。しかし、スタートアップは「かなり短い時間で一定の結果を出す」ことを求められるため、ベンチャーよりもシビアな条件であるともいえるでしょう。

スタートアップとベンチャーの主な違い

	スタートアップ	ベンチャー
ビジネスモデル	革新性・最新性があるビジネスモデルを展開	既存のモデルを含めたビジネスモデルが存在
成長	赤字覚悟の先行投資をして急成長を目指す	赤字となる投資を避け着実な収益増を目指す
資金調達	VCや個人投資家からのエクイティなどで調達	銀行や補助金・助成金などで調達

スタートアップの成長段階は
4つの成長ステージに分類される

シード、アーリー、ミドル、レイターの4ステージ

　一般的に、**スタートアップ企業は成長段階によって4つの成長ステージに分けられます**。1つめの成長ステージが「シード」ステージ。創業前後からプロダクト（サービス・商品）構想を固める、その実現のために開発などの行動をする、その後にプロダクトがローンチ（発表）されて初期ユーザーを獲得する、までの期間です。

　このステージは、創業者とその仲間数人など、企業規模は小規模であることがほとんど。また、資金の調達先は、自己資金や知人、とくにこの時期に投資を行ってくれる「エンジェル投資家」と呼ばれる個人投資家、シードアクセラレーターと呼ばれるスタートアップ支援を行う企業や組織が中心になります。また、資金調達だけでなく人材支援などして複数の起業家を同時に支援するスタートアップスタジオと呼ばれる組織も、近年注目されているようです。

　2つめのステージである「アーリー」ステージは、プロダクトが正式リリースされ、初期の顧客（アーリーアダプター）を獲得できようになる時期。多くはこのステージ中に開発や営業、マーケティングといった企業としての最低限の組織構成を構築します。調達先は引き続きエンジェル投資家やシードアクセラレーターが中心です。

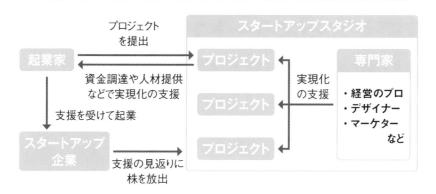

スタートアップスタジオとは

起業家 → プロジェクトを提出 → スタートアップスタジオ

資金調達や人材提供などで実現化の支援

支援を受けて起業

スタートアップ企業 → 支援の見返りに株を放出

プロジェクト / プロジェクト / プロジェクト ← 実現化の支援 ← 専門家

専門家
- 経営のプロ
- デザイナー
- マーケター など

イグジットまで到達しても企業は存続する

　3つめのステージの「ミドル」ステージとは、スタートアップ企業として本格的に成長しはじめの時期です。提供するサービス・商品に一定の顧客がついて成長が加速しはじめるほか、単月で黒字になる場合もあります。この段階になると、株式の希薄化（1株当たりの価値の低下）を避けるためにエクイティによる資金調達だけでなく、銀行からの資金調達を選択する企業も増えるようです。

　4つめのステージである「レイター」ステージに入ったと考えられるのは、事業が確立し、持続的な収益を上げられる段階となってからです。IPOやM&Aなどのイグジットが視野に入ってきた段階で、スタートアップ企業としての1つのゴールが見えたといえます。

　スタートアップ企業はイグジットをしても、企業がなくなるわけではありません。引き続き成長や社会課題解決への貢献が求められます。そのためには、IPOで集めた資金やM&Aで傘下に入った企業のノウハウなどを活かすことが重要です。

政府によるスタートアップ支援の
取り組みの歴史を理解する

これまでの日本にもスタートアップ企業は存在した

よく「日本にはスタートアップ企業が少ない」といわれますが、**日本ではスタートアップ企業が生まれにくい土壌である、というわけではありません。**

事実、明治時代や戦後すぐなどは、ベンチャーやスタートアップという概念があればそう呼ばれたと思われる企業（トヨタ1937年創業、ソニー1946年創業、本田技研1948年創業）も起業されています。いまや大企業となったメルカリ（2013年創業）なども含め、日本に土壌的な問題があるというのは単なる思い込みといえるでしょう。

ベンチャー（起業）ブームは過去にもあり、第1次は1970年代初頭のいざなぎ景気などが背景として起こりました。日本電産やキーエンス、ぴあ、コナミなどは、この時期に誕生した企業です。

第2次は、バブル前の80年代中盤〜後半といわれており、ソフトバンクやカルチュア・コンビニエンス・クラブ、ジャストシステム、エイチ・アイ・エスなどが生まれています。

そして第3次ブームが起きたのは、90年代後半から2000年代前半です。世界的なITベンチャー企業の台頭とIT需要の高まりを受けて、日本でも楽天やDeNA、エムスリーといった企業が誕生しました。

80年代からベンチャー支援は行われてきた

ベンチャー・スタートアップへの支援の歴史ですが、実は第1次ベンチャーブームのときは、積極的な支援政策は取られていませんでした。これは、スタートアップという概念がなく、国内の経済に大きな影響を与えるという意識も薄かったのが原因でしょう。

しかし、**80年代に入るとベンチャーやスタートアップ企業が経済低迷などを打破し、国の成長に貢献する存在として捉えられるようになっていきます**。1980年に策定された通称「80年代中小企業ビジョン」では、中小企業による新分野進出、新事業創出、創業促進等の必要性が新たな政策課題として明示されました。90年代も「90年代中小企業ビジョン」が示されます。バブル経済の崩壊による長期的な経済低迷の中で中小企業政策の見直しが図られ、2002年の「中小企業挑戦支援法」、2005年の「中小企業新事業活動促進法」などによって、新たな事業活動に挑戦する中小企業を資金面、組織・技術面でも支援しました。

アベノミクスからのスタートアップ支援の流れ

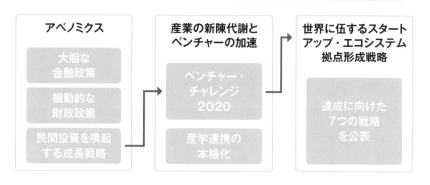

アベノミクスから本格化したスタートアップ支援

　ここまで説明した通り、これらの支援策はベンチャーやスタートアップ企業に限定して支援するものではなく、中小企業の支援策として考えられてきたものでした。**スタートアップ支援が具体的に謳われるようになったのは、ここ10年ほどのことです。**

　2012年に発足した第2次安倍内閣では、アベノミクスと呼ばれる経済財政政策の中の成長戦略として、「産業の新陳代謝とベンチャーの加速」を成長への道筋の1つとして位置づけました。

　その一環として、2016年には4年後のベンチャーエコシステムの構築を目標とした「ベンチャー・チャレンジ2020」を策定。これにより、日本の各地域と世界を結ぶ架け橋となるプラットフォームの整備が推進され、地方への案件発掘キャラバンが実施されたり、施策の広報やイベントの合同開催、各省庁の連携によるベンチャー支援人材の情報共有、ベンチャー企業の情報を共有したりするなど、支援の最適化を図る「政府関係機関コンソーシアム」の設置などが行われました。

　民間による自律的なイノベーション・エコシステムの構築の支援も実施され、産学官によるイノベーションのため、世界に通用する研究拠点の整備や大学改革を実施し、産学連携の本格化が図られました。

規制を回避するための法的な支援策も

　その後、2019年にはスタートアップ・エコシステム拠点の形成を目的にした「世界に伍するスタートアップ・エコシステム拠点形成戦略」が策定されました。翌年にはこの実現に向けた支援パッケージも公表され、7つの戦略がその柱として示されています。

　また、新しい取り組みをはじめるうえで障壁となる各種の規制を回避するための支援も行われました。適用範囲が不明確な現行規制の「グレーゾーン解消制度」や企業単位で規制の特例措置を定める「新事業特例制度」、一旦規制を受けずに実証実験やデータ収集を行える「規制のサンドボックス制度」など、**法的な側面からもスタートアップによる革新・最新的な取り組みの事業化への支援が実行されています。**

　このようなスタートアップ（起業）を支援する取り組みが数多く行われていることからもわかるように、日本でスタートアップ企業が生まれにくいということはありません。

世界に伍するスタートアップ・エコシステム拠点形成戦略

戦略❶ 拠点都市の形成

拠点都市を形成し、情報発信を強化したり起業家や投資家を誘致

戦略❸ アクセラレーションプログラムの提供

グローバルトップアクセラレーターと連携し、日本のアクセラレーション機能を強化

戦略❹ 技術開発型スタートアップ資金調達等促進

大規模なGap Fundの供給

連携　活用

戦略❷ エコシステム強化

起業家教育の強化や官民による研究シーズ（将来性の高い研究）の発掘と若手研究者の育成を行う

戦略❺ 政府や自治体がスタートアップの顧客に

入札へのスタートアップ参加促進の方策の検討

戦略❻ エコシステムの「繋がり」形成の強化、気運の醸成

創業支援システムの構築

戦略❼ 研究開発人材の流動化促進

人材流動化プロジェクト等の支援

政府が提唱する成長戦略とスタートアップが
どのように関係するのかを知っておきましょう。

スタートアップは
「新しい資本主義」の要となる

岸田政権の目指す「新しい資本主義」

　市場に依存した新自由主義的な考え方をベースにした資本主義によって生まれたさまざまな弊害を乗り越えるために岸田内閣が注力しているのが「新しい資本主義」です。

　これは、分配の偏りによる貧困の拡大、集中による都市と地方の格差、市場や競争の効率性を重視し過ぎたことによる中長期的な投資の不足、持続可能性の喪失といった多くの問題が発生した「旧来の資本主義」に変わり、成長と分配の好循環を目指すものです。

　新しい資本主義を実現するための代表的な施策には次のようなものがあります。1つめは「構造的賃上げを実現する」こと。経済低迷で失われた分厚い中間層を形成することが目的です。施策には、賃金の引き上げやスキル向上を目的とした再教育など、人的投資の強化があります。

　2つめの「国内投資の活性化」はスタートアップへの恩恵がとくに大きいと考えられています。大規模な戦略分野への投資と同時に「スタートアップの育成および公益活動の推進」が謳われ、**2022年に策定された「スタートアップ育成5か年計画」ではスタートアップへの投資額を「2027年度に10兆円規模にする」という計画もある**からです。

これには、スタートアップのための資金供給の強化とイグジットの多様化が謳われており、一例としては、ストックオプション（経営者や従業員が自社株を一定の行使価格で購入できる権利）の税制を見直すといったスタートアップファーストな制度を目指す、というものが挙げられます。

成長と分配の好循環を目指す

また、デジタル社会への移行推進もスタートアップへの影響は大きいでしょう。**近年注目されているAIへの取り組みについても、今までにない革新・最新性を生み出すことを可能にしてくれます。**

このような施策で経済的に成長し、それによって稼ぎ出した原資を分配することによってさらに需要が増加し、次の成長へとつなげるというサイクルを「新しい資本主義」では目指しているのです。

「新しい資本主義」が目指すサイクル

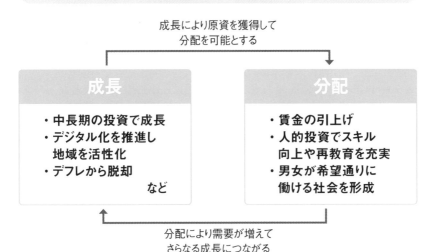

成長により原資を獲得して
分配を可能とする

成長

・中長期の投資で成長
・デジタル化を推進し
　地域を活性化
・デフレから脱却
　　　　　　　など

分配

・賃金の引上げ
・人的投資でスキル
　向上や再教育を充実
・男女が希望通りに
　働ける社会を形成

分配により需要が増えて
さらなる成長につながる

国策として飛躍が期待される
スタートアップ

経済復興のキープレイヤーとして期待

　前項では、政府の経済政策「新しい資本主義」の大きな一要素として、スタートアップの育成が組み込まれている、という話を紹介しました。そこで触れられていた「スタートアップ育成5か年計画」について、より詳しい内容を紹介していきましょう。

　この計画において、スタートアップは「社会的課題を成長のエンジンに転換して、持続可能な経済社会を実現するまさに『新しい資本主義』の考え方を体現するもの」とされています。つまり、**スタートアップこそ現代に即した経済成長を担うキープレイヤーとみなされているのです**。計画の最大目標は5年後の2027年にスタートアップへの投資額を10倍規模にすることにあります。計画策定時の2022年のスタートアップへの民間も含めた投資額は8,000億円規模となっており、2027年にはこれを10兆円規模とすることが具体的な数字目標になります。また、将来的にはスタートアップを10万社規模で創出し、現状では10数社にとどまるユニコーン企業（評価額10億ドル以上・設立10年以内の未上場企業）を100社創出することで、日本がアジア最大のスタートアップハブとして、世界有数のスタートアップ国家になることも目指しています。

5か年計画の3つの柱でスタートアップへの投資を増やす

最初の柱は人材育成の支援

5か年計画の3つの柱が「人材・ネットワークの構築」「資金供給の強化と出口戦略の多様化」「オープンイノベーションの促進」です。

最初の柱である「人材・ネットワークの構築」は、スタートアップに積極的に関わる担い手となる人材の育成と、その人材同士のつながりを生み出すことを目指すもの。

これは、スタートアップ企業が少ない理由の1つである「起業を望ましく考える若手人材が少ない」という状況を覆すため、起業家教育や起業経験のあるメンター（助言者・相談相手）による、**起業を志す人のための若手人材育成や交流会を支援するというものです。**

スタートアップが資金調達しやすい環境を整備

そして**「資金供給の強化と出口戦略の多様化」は、スタートアップが資金調達をしやすく、またIPOやM&Aなどのイグジットをしやす**

くするための施策です。

　スタートアップ大国のアメリカの資金調達市場は30兆円規模。ところが、日本ではようやく1兆円に届くかどうかです。この市場規模を増やすため、官民ファンドの出資機能の強化が予定されており、VCに対しても公的資本の投資を拡大しています。また、スタートアップ企業の創業時に必要となる融資を受けやすくするため、経営者保証を必要としない信用保証制度も創設されました。

　税制面でも、スタートアップを支えるための制度が作られました。その1つが「エンジェル税制」で、シード・アーリーステージのスタートアップに投資する「エンジェル投資家」と呼ばれる個人投資家が対象。一定要件を満たすスタートアップ企業に投資した個人投資家への所得税の優遇措置がその柱です。

　2023年に行われた改正では、とくにリスクの高い事業化前のプレシードステージやシードステージへの投資、自身もスタートアップなどを起業した経験のある起業家による会社設立のための出資について、20億円を上限に非課税とする措置を新たに創設しました。

　スタートアップ企業がこのエンジェル税制の適用対象となるか調達前の段階で自治体に確認ができるようにしたことで、適用対象だと個人投資家に通知することが可能になりました。

M&Aによるイノベーション促進をサポート

　最後の柱、「オープンイノベーションの促進」は、他社や大学などといった社外とも知識や技術を交換し、イノベーションを促進するというものです。そのために雇用慣行の見直しや副業、兼業の促進等による人材移動の円滑化といった施策を用意。産学連携や企業間提携の

推進だけでなく、大企業がスタートアップに出資したり、M&Aによって取り込むことも含まれています。

日本でのスタートアップのイグジットはIPOが中心ですが、アメリカではM&Aが主流。その理由は大企業と連携するM&Aはスタートアップ単独での市場評価だけでは不可能な成長を遂げられるからです。

企業による投資促進のための税制「オープンイノベーション促進税制」は、国内の事業会社や国内のCVC（コーポレートベンチャーキャピタル)がスタートアップ企業に出資をした際、「取得価格の25％を課税所得から控除できる」というもの。破格の優遇措置を受けられることで投資を促進させるものです。

岸田内閣は上記のような施策を行い、「スタートアップ育成5か年計画」の達成を目指しています。スタートアップを支援する政策は国策として、政権が変わったとしても継続していくことでしょう。

オープンイノベーション促進税制の概要

新規株式取得価額の25％を所得控除※1

出資法人		出資先
国内の事業会社 または 国内のCVC	資金などの経営資源 → ← 革新性ある技術など	国内外非上場の スタートアップ企業 （設立10年未満）※2

※1：所得控除上限額や出資行為の要件を満たす必要あり
※2：売上高研究開発費比率10%以上かつ赤字企業の場合、設立15年未満の企業も対象

※経済産業省「オープンイノベーション促進税制（新規出資型）の概要」より作成

START UP

1-7

地方自治体や経産省も
スタートアップ支援に力を入れています。

地域活性化への貢献も期待される
スタートアップ

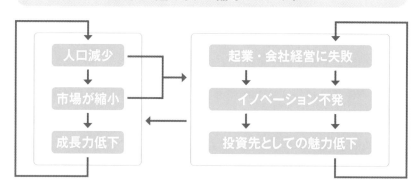

地方が陥る負の縮小スパイラル

人口減少 → 市場が縮小 → 成長力低下

起業・会社経営に失敗 → イノベーション不発 → 投資先としての魅力低下

※経済産業省『平成30年度 地方創生に向けたスタートアップエコシステム』より作成

群馬県によるスタートアップ支援の取り組み

　地方は、上図のように人口減少などによる成長力低下という負の縮小スパイラルに陥っています。

　この状況を打破するために、**地方からスタートアップ企業を発展させることで地域の活性化を図ろうという動きが全国で広がっています。地方から世界的なスタートアップ企業が誕生する可能性があるか**もしれません。

　群馬県では、2021年から**ぐんまスタートアップアクセラレーショ**

ンプログラム「RAITO」を実施し、イノベーション創出の中心となるだけでなく、次代の群馬経済の担い手になるスタートアップ企業や起業家を支援しています。

これは、スタートアップの起業を目指す起業家はRAITOに応募し、採択されて採択者になると、約5か月の間、事業ステージに合わせたさまざまな支援プログラムを受けることができる、というものです。

支援プログラムの1つが、採択者に対するメンタリングです。専属メンターによる定期的なメンタリングを受けることができて、事業の進捗状況の確認や課題の整理、個別の課題に応じて外部メンターの紹介なども行われます。県の支援に加えて、デロイト トーマツ コンサルティング合同会社のメンターネットワークを利用することもできるという支援内容となっています。

また、採択者の会社がシードからアーリーステージに至ると受けられるのが、スタートアップが見落としがちなポイントに関する実践的なレクチャー。ビジネスモデルや資金調達、投資家などに対して事業を売り込む「ピッチ」のトレーニングなどがその具体的な内容です。

RAITOでは人材同士のネットワーク構築の支援も行われており、プログラムへの参加者や協力者だけでなく、過去の採択者やほかのプログラム採択者などスタートアップ企業同士や地域企業とのネットワークを構築することに一役買っています。

プログラムが進むと、参加者による中間報告会を実施して、取り組み内容や進捗状況を共有し、最終的にはプログラムの集大成として、支援期間中の成果を発表する成果発表会が実施されます。この場には、県内外の支援機関や金融機関が出席するため、資金提供や支援を獲得する大きなチャンスにもなっているのです。

RAITOで採択されたときの6つのメリット

専門家のサポート

群馬県とデロイト トーマツのメンターネットワークが利用できる

信用の獲得

群馬県（行政）に認められた、という社会的信用を得られる

実証実験サポート

事業実現に必要な実証実験のサポートを受けることができる

地域による支援

地域の産学官金で構成する支援機関によるサポートが受けられる

広報・PR支援

プレスリリース発信、デモデイなどの広報・PR支援を受けられる

活動場所の提供

官民共創スペースの月額法人会員としてイベントに参加できる

自治体の協力を得られるのも魅力

　RAITOでは支援プログラムのほかにも、採択者に対してさまざまなメリットを提供しています。

　その1つが、採択企業の事業内容に応じて行う、県による実証実験のサポートです。

　新技術の開発や新規事業を開始するにあたっては、広範囲での実証実験などを行う必要が生じることがあります。しかし、企業によっては**実証実験の施設の準備が困難だったり、法的な障壁が発生することもあるため、自治体のサポートが得られるのは大きなメリットです。**

　また、自治体の広報力を利用したプレスリリース発信や、自治体のSNS活用といった広報・PR支援も大きなメリットの1つ。また、群馬県が運営する官民共創スペース「NETSUGEN」が法人会員扱いになることでイベント実施ができるようになる、といった多くの恩恵を

受けられることも、自治体支援の魅力といえます。

誰もが参加しやすい長野県の取り組み

スタートアップをはじめたいという起業家や企業向けに4つのプログラムを提供している長野県の起業コミュニティ「長野スタートアップスタジオ（NSS)」も注目されています。

その1つ「起業クラブ」では、アイデアが不透明な起業希望者に半年かけてアイデアやビジネスプランの構築などを指導。ほかにも「アクセラレーター」プログラムでは事業売上20億円を超えるビジネスモデル設計のスケール事業を支援。より具体的なアイデアピッチの審査やVCやエンジェル投資家と企業をつなぐ場を提供しています。

また、**オープン・プログラムとして、学生や主婦、会社員向けの起業セミナーの開催や、ネットワーキングの機会も提供しています。**

経産省の経済産業局の運営する支援コミュニティ

経済産業省・近畿経済産業局では、「U30関西起業家コミュニティ」として、同局管内の2府5県で活動する30歳未満の起業家や起業に関心のある若者などに向けた支援組織を運営しています。

支援内容は、同世代の起業家や支援者、起業家コミュニティとのネットワーキングやメンタリングイベントなど、群馬県や長野県と共通する部分も多くあります。しかし、都道府県運営のコミュニティや支援プログラムに比べて、より広範囲なコミュニティなのが特徴です。

また、**大阪・京都といった大きな経済圏が含まれていることから、多数のベンチャーキャピタル担当者や、成功した起業家などがメンターとして所属しているのも魅力といえます。**

世界経済の牽引役となった スタートアップ

スタートアップの代表的存在GAFAM

　スタートアップの特徴である成長スピードの早さや革新・最新性によって、世界経済を牽引するスタートアップ企業が続々と誕生しています。とくに「GAFAM」と呼ばれるGoogle（現 Alphabet）、Apple、Facebook（現Meta）、Amazon、Microsoftの5社は、創業が1980年代から2000年代と幅はあるものの、いずれもスタートアップからはじまって今や世界経済を牽引する大企業となった例です。

　日本とアメリカの2010年代における株式市場の騰落率をベースに、パフォーマンスの成長度を見てみると、GAFAMを除いたアメリカの株価上昇は日本と大きな差はありません。このことが示すのは、GAFAMのようなスタートアップ企業の存在が、国の経済に大きな貢献を果たしていることです。

　日本でも楽天やサイバーエージェントなどGAFAMと近い時期に創業し、日本経済の発展に貢献している企業が多数あります。しかしGAFAMのようなインパクトを生むほどの企業は生まれていません。

　GAFAMはいまだ成長中です。その要因の1つが多くのスタートアップ企業への投資や、成長したスタートアップ企業のM&Aなどによるイグジット先（吸収先）となっていることが挙げられます。つま

り、成長したスタートアップ企業の事業を取り込み、自社の成長につなげているのです。そしてGAFAMの投資の恩恵を受けて利益を得た起業家や投資家が、新たなスタートアップ企業を起業・投資してさらにスタートアップ企業が増加、再びGAFAMが投資して成長するという循環ができつつあります。

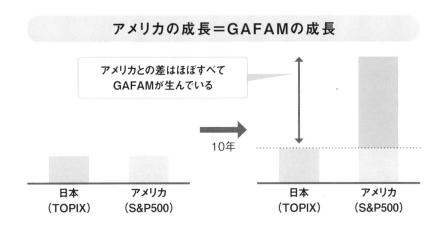

アメリカの成長＝GAFAMの成長

アメリカとの差はほぼすべて
GAFAMが生んでいる

10年

日本
（TOPIX）

アメリカ
（S&P500）

日本
（TOPIX）

アメリカ
（S&P500）

世界でも希少な「ユニコーン」企業

ユニコーン企業とは、評価額10億ドルを超える創業10年以内の未上場企業のこと。その希少性から伝説の生き物であるユニコーンにたとえられたもので、上場前にも関わらず企業価値が高く、急成長を遂げたスタートアップ企業を指します。100億ドルを超えるとデカコーン企業と呼ばれ、さらに希少です。

ユニコーン企業が数多く存在することは、その国でスタートアップのエコシステムがうまく回っているという証明です。アメリカでは近年ユニコーン企業が急増しており、その数は700社を超えるという調査

結果も。ユニコーン企業数で世界2位になる中国が100数社であること
を考えれば圧倒的な差といえます。また、日本におけるユニコーン企
業は10社程度。とても少ないといわれますが、その背景には時価総額
が大きくなる前に上場しやすいという国内株式市場の環境があります。

アメリカではM&Aによるイグジットが主流

　GAFAMの例で示した通り、スタートアップ企業が生んだ利益を新
たなスタートアップ企業への投資資金とする循環はとても重要です。

　日本でスタートアップ企業が増えないのは、この循環がうまくいっ
てないことが理由の1つ。日本のスタートアップ企業のイグジットは
IPOが中心になっていることが、循環がうまくいっていない理由とも
いわれます。IPOのためには市場が求める株主数などの基準を満たし
ているか審査を受けますが、この審査に合格するための準備に時間が
かかったり、審査基準を満たせない事例は多くあります。

　そのため、起業家や投資家はイグジットによる利益を早期に得られ
ず、**利益が得られなければ新たなスタートアップ企業への投資もでき
ません。結果、新規のスタートアップ企業に資金が回らないのです。**

　もちろん、IPOにも個人投資家が未上場のスタートアップ企業に投
資できるようになる、というメリットもあります。また、M&Aに積
極的でない企業が多い日本では、IPOしか選択肢がないスタートアッ
プ企業もあるので、IPOが悪い選択ということではありません。

　イグジットの中心がM&Aであるアメリカでは、買収する側とされ
る側の企業と投資家の希望がマッチすれば短時間でイグジットがで
き、利益を得られます。このように、イグジットの違いが日本とアメ
リカのスタートアップエコシステムの成否を分けているのです。

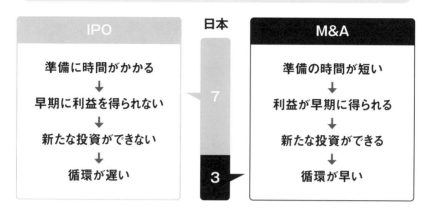

日本のイグジットの現状問題点

日本

IPO	M&A
準備に時間がかかる	準備の時間が短い
↓	↓
早期に利益を得られない	利益が早期に得られる
↓	↓
新たな投資ができない	新たな投資ができる
↓	↓
循環が遅い	循環が早い

7

3

ヨーロッパ、アジアにおけるスタートアップの近況

　ヨーロッパでもスタートアップブームが起こり、スタートアップの支援が行われはじめています。その中心はベルリンやロンドンといわれていますが、フランスも毎年公募し選定した120社のスタートアップ企業などを集中的に支援する「フレンチ・テック・ネクスト40/120」というプログラムなどを行い、存在感を高めています。

　アジアも、中国やインドを中心に自国経済を牽引するスタートアップ企業が誕生しています。中国のAlibabaやTencentはアジアを代表するスタートアップ企業であり、TikTokを運営する2012年創業のByteDanceは2021年に世界一のユニコーン企業と評価されました。

　アメリカのGAFAMを中心とした、経済成長からも明らかなように、自国経済の成長に、スタートアップ企業の存在は欠かせません。**そのことに世界が気づいているので、スタートアップを支援しているのです。この流れが、今後も継続することは間違いないでしょう。**

有望なスタートアップ企業に出資している
VCやCVCとは何かを学んでおきましょう。

スタートアップ活況の背景にある
ベンチャーキャピタルとは

スタートアップ企業に欠かせないパートナー

VCとは、未上場企業に対して主に出資という形で投資を行う組織を指す言葉です。VCは、スタートアップ企業に一定の審査を行ったうえで投資を行います。**投資の見返りは主に未公開株式の取得で、出資した企業がIPOやM&Aなどのイグジットをした際に株式を売却して利益を得るのがその目的です。**

VCによる投資には、VCが自己資金で投資をする場合と、金融機関、事業会社、機関投資家、地方自治体などをLP（有限責任組合員）としてファンドを組成し、そのファンドから投資を行う場合の二通りがあります。いずれの場合もVCがファンドの主体で、具体的には投資資金の管理や分配の役割を担います。

有望なスタートアップ企業には複数のVCが投資している場合もあり、その投資額は合計で数十億〜数百億円規模になることもあります。スタートアップ企業が赤字覚悟で巨額の先行投資ができるのは、このようなVCからの巨額投資があってこそです。このように、スタートアップにおいてVCの存在は無視できません。「スタートアップ育成5か年計画」達成のためには、VCからの投資が不可欠であることがわかるでしょう。

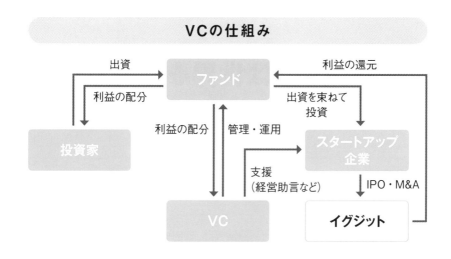

近年、スタートアップで存在感を増しているのがVCの一種である「CVC」です。CVCとは「コーポレート・ベンチャーキャピタル」の略語で、事業会社（コーポレート）が出資した資金でファンドを組成して未上場企業に投資を行う組織のことになります。

CVCの特徴は、利益の獲得だけが目的ではなく、CVCに出資する事業会社が出資先とつながりを持つ点にもあります。出資先の企業と共同で事業を拡大したり、技術開発をしてシナジーを生み出し、イノベーションを促進することを目指す、自社の事業を拡大する、といった「お金ではないリターンを得ること」を目指すのです。

CVCは、M&Aよりリスクが低い投資といえるかもしれません。M&Aをしても経営不振になって投資額以上の損失を被る可能性があるからです。近年は、CVCで大企業とつながったスタートアップ企業がともに事業を拡大して急成長するという事例が増えています。

世界的大企業となったGAFAMも
スタートアップとして創業しました。

スタートアップは世界を変えて
私たちの生活を豊かにしている

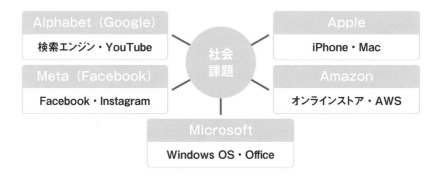

社会課題を解決し私たちの生活を豊かにしたGAFAM

Alphabet（Google）	社会課題	Apple
検索エンジン・YouTube		iPhone・Mac
Meta（Facebook）		Amazon
Facebook・Instagram		オンラインストア・AWS
	Microsoft	
	Windows OS・Office	

イノベーションを生み出し続けるAmazon

　上図のように私たちの生活を変えて豊かにした代表的なスタートアップ企業は「GAFAM」で間違いありません。各社とも創業から20年以上が経過しイグジットを終えているので、スタートアップという枠組みからは外れるという人もいます。

　しかし、**スタートアップの特徴の多くを現在も有していることから、GAFAMは現在もスタートアップの枠組みの中にいる、**といえるかもしれません。

　たとえば、1994年にジェフ・ベゾス氏が創業したAmazonは現在

も「アイデアやビジネスモデルの革新・最新性」を持ち続け、ユーザーの生活を便利にすることに注力し続けているといえるでしょう。書籍の通信販売から発展したネット通販は、今やあらゆるもののマーケットプレイスとして人々の買い物に関する課題を解決しています。

Amazonが解決した課題はほかにもあり、音声認識機能のAlexaや、それを搭載したスマートスピーカーのAmazon Echoを利用することで家の中の管理が簡単にできるようになりました。また、動画配信サービスのPrime Videoは豊かな生活に欠かせない娯楽の1つとして重要なサービスです。さらに、クラウドサービスの世界トップシェアであるAWSはIT化に多大な貢献をしています。

たとえば、2021年にリリースした医療機関向けのデータ管理システムの「Amazon HealthLake」や、金融機関向けの財務データ分析サービス「Amazon FinSpace」は、業務の効率・デジタル化を促進させたいという事業者などの課題解決に貢献しました。

このように、Amazonは世界的な企業となってもスタートアップの特徴である、「革新・最新性」持ち続けているのです。

成長の早さも維持し続けるAmazon

このような取り組みの貢献もあり、Amazonは「成長スピードの早さ」を維持しています。Amazonの2023年第4四半期（10〜12月）の売上高は前年同期比14％増の1700億ドル（約24兆8900億円）でした。「売上高が14％増えた」だけでは成長が早いといえないと思うかもしれません。しかしAmazonの売上の14％増とは、金額で考えればとても大きな数字です。いくら増えたかで考えてみましょう。

Amazonの売上が前年同期比で14％増えたということは、売上が約

3兆円増えたという意味です。この売上は、ユニクロを運営するファーストリテイリングが2023年10月に発表した、過去最高となる売上収益とほぼ同額。つまりAmazonは、ファーストリテイリングの年間売上高とほぼ同レベルの売上をわずか3か月で増やすという成長を遂げたことになります。

　会社の戦略や社会・経済状況などによる差異はありますが、Amazon以外のGAFAMもこのような「早い成長」を続けています。この成長の早さは、スタートアップの域を超えているかもしれません。

　そして、GAFAMは成長によって得た売上を利益として溜め込んではいません。株主や社員、ユーザなどに還元するのはもちろん、さらなる革新・最新のアイデア・ビジネスモデルを展開するための投資資金にしているのです。このように、**売上を投資に回すことが早い成長に貢献し、再び革新・最新のアイデア・ビジネスモデルの展開につながる、というサイクルを確立させています。**

ユーザーの課題を解決し続けるAmazon

Amazonストア

解決➡️店舗を持てない中小事業が世界中の人々に商品を販売できるように

デバイス&サービス

解決➡️便利な機能を搭載したデバイスやサービスによって生活が快適に

エンターテインメント

解決➡️場所や時間に関係なく、好きなときに映像作品が見れたり音楽が聴けるように

AWS

解決➡️IT化が進められなかった多くの企業が、安価でITを導入できるように

GAFAMに対抗する中国のスタートアップ企業

世界第2位の経済大国になった中国にもGAFAMに近い企業があります。躍進した中国経済の象徴ともいえる存在で、**具体的にはBaidu、Alibaba、Tencent、HUAWEIの4社を指し、GAFAM同様に4社の頭文字から「BATH」と呼ばれます。**

Baiduは、中国最大の検索エンジン「百度」を提供する、中国のAlphabetともいえる存在で、Alphabet同様、衛星画像やストリートビューが利用できる地図アプリや動画配信サービスも提供しています。

孫正義氏が投資したことでも知られるAlibabaは、Amazonの対抗馬といえる中国の企業です。同社は、消費者向けの通販サービスや決済サービスの「Alipay」などを提供。また、電子決済専門スーパーの運営も行い、決済からマーケットまで、消費行動全体を事業範囲におさめ、Amazon同様に買い物に関するあらゆる課題を解決しています。

BATHの「T」であるTencentは、アプリ収益では世界一となったこともある企業。近年注目されている生活や娯楽に関わるさまざまなアプリを統合した「スーパーアプリ」を世界に先駆けて提供しました。

そして、スマホやタブレットで知られる「H」こと通信機器メーカーのHUAWEIはコストパフォーマンスの高さを武器に成長しました。最近では、自動運転分野への注力が伝えられています。

スタートアップからスタートした企業が提供するサービス・商品が、世界を変えて私たちの生活を豊かにしています。その対価として企業は利益を得て、その利益が国の経済成長に貢献しているのです。日本が再びアメリカに迫る経済大国となるには、GAFAMやBATHのようなスタートアップ企業の誕生が必要となります。

経済なき道徳は
寝言という現実

皆さんは二宮尊徳の「道徳なき経済は罪悪であり、経済なき道徳は寝言である」という言葉をご存知ですか?

道徳的な基準を逸脱した経済活動は人々に害を及ぼす可能性があると同時に、理念だけを謳っても収益を上げていなければ実効的な価値はない、という意味です。

スタートアップではとくに、前半の「道徳なき経済は罪悪である」という考えを忘れないことが大事です。起業をする以上、社会貢献という観点は欠かせません。しかし、皆さん(とくに若い世代)に本当に理解してもらいたいのは、後半の「経済なき道徳は寝言である」です。

今世の中にはさまざまな社会課題が溢れています。昭和、平成の起業家たちはそれらの課題を解決する余裕があまりなく、そのほかの実効的な課題解決に勤しんできました。しかし近年は経済的な余裕が生まれたため、多くの若者が社会課題の解決に取り組みはじめています。ただ残念ながら社会性と経済性の両立は難しいのが現実。なぜなら、社会課題というのは大変根深い問題なので、解決までに時間を有するものばかりだからです。そのため、経済性を伴わなければサスティナブルに活動ができず、課題解決は遠のくでしょう。

皆さん、経済性というビジネスの根幹部分を念頭に行動をするのを忘れないでください。

2章

自分に適した
スタートアップで
働く

・・・・・・・・・・・・・

スタートアップで働くときに大切な考え方が
どんなものなのかを知り、自分に適した企業
の探し方を学ぶことで、後悔しない働き方を
見つけることができるでしょう。

スタートアップなら「報酬」も「達成感」も得られる

報酬と達成感が生む仕事の好循環

```
仕事に
報酬と
達成感がある
          → 仕事の質や
            意欲が向上する
仕事の
裁量権が増える
          成果が上がり
          周囲から
          評価される
```

スタートアップは給料が安い?

　仕事をするからには当然、対価としての「報酬」は不可欠です。また、意欲を持って仕事を続けていくために「達成感」「やりがい」なども必要となるでしょう。それは、大企業やスタートアップ企業など、どこで働いても変わりません。

　「スタートアップ企業だと報酬が低いのでは?」というイメージを抱きがちです。しかし、起業したばかりで収益が上がっていない時期だからといって、スタートアップ企業すべてが「やりがい搾取の低報酬である」というのは思い込みです。**「有力なスタートアップ企業の**

平均年収は650万円で、上場企業の平均年収よりも45万円多かった」という日本経済新聞社による調査結果もあり、成長すれば上場企業よりも高い報酬を受け取れるということを示しています。

　しかし、成長するまでは報酬は高額とはいえず、さらに成功するかわからない、というリスクがあるというのも事実です。スタートアップ企業で働く人の多くはスタートアップの特徴である「社会課題の解決」に取り組み、達成するという「達成感」にやりがいと魅力を感じています。結果として「報酬」がついてくるのです。

株式報酬で大きな資産を築ける可能性がある

　スタートアップ企業は、報酬の一部を金銭ではなく株式で受け取れる「ストックオプション」制度を採用していることがあります。 成長前に報酬として株式を受け取り、成長後に高値になった株を売却して大きな利益を得ることができる制度です。実際に、株式報酬で億単位の資産を築くケースも少なくありません。

裁量権の大きさも魅力

　大企業で裁量権を持つ役職に若手社員が付くのは難しいでしょう。しかし、スタートアップ企業は、とくにシードステージにおいては**社員数が少なく、企業として新しいことに挑戦している時期です。そのため、同様に挑戦する個人に裁量権を与えることが多くあります。**「挑戦の意思を示して裁量権を得て、自分の裁量で仕事をして成果を出すことができる」というのは、スタートアップならではの魅力です。

　このようにスタートアップ企業には「報酬」と「達成感」の両方を得られる可能性があり、自分次第で掴み取ることもできるのです。

「大企業なら安心」は時代錯誤、後悔しない選択を

これからの時代はキャリア形成が重要

　就職を考えたとき「大企業なら安心」と考える人は多いかもしれません。しかし、早期退職者を募集したり、グループ会社へ大量に出向させるといった大企業関連のニュースも連日流れています。つまり、大企業に入れたとしても、そこでやりたい仕事を続けられるとは限らないのです。とはいえ、「スタートアップなら安心」というわけでもありません。経営の安定感や福利厚生の充実度などで見れば、大企業のほうが上であり、倒産リスクも低いのは事実です。どこで働いてもリスクはあるということを理解しましょう。

　「どの企業で働くかより、どうやってよいキャリアを築けるか」がこれからの時代には大切なこと。よいキャリアの定義は一概にはできませんが、自分がやりたいことができる、豊かな生活を送る源泉となる、などはキャリアを考えるときの1つの指標といえるでしょう。

　「1年後、10年後、30年後に自分はどうなっていたいのか」で考えてもよいでしょう。専門的な知識やスキルを身につけたい、結果を残して他社に引き抜かれて大きな仕事をしたい、多くの報酬を手にしたいなど、希望は人によって異なります。その希望がスタートアップでなら実現できると思えるなら、挑戦してみる価値はあります。

日本的な雇用形態ではもう世界とは戦えない

　終身雇用・年功序列・退職金制度などの日本的な雇用にはメリットも多く（下図）、長らく継続されてきました。しかし、**今では世界との競争の足枷となり、苦戦している原因になっています。**

　2023年にドイツにGDPが抜かれた日本ですが、「まだ世界4位だから世界と戦えているのでは」と思うかもしれません。しかし、世界4位なのは日本の労働人口が多いからであり、労働人口の多さで競争力や生産性の低さをカバーしているのが現状です。そのため、日本の平均年収はGDPに比べて低く、GDP世界13位の韓国を下回り、さらにOECD加盟38カ国の中の最下位グループに位置しています。

　世界との競争に敗れている原因はほかにもありますが、日本企業は、競争力を取り戻すために雇用形態の見直しを進めています。それは、派遣社員の増加や早期退職者の募集をしていることなどからも明らかで、大企業に入社できても定年まで安心して働き続けられるとは限らない時代になったのです。

日本的な雇用形態のメリット・デメリット

	メリット	デメリット
年功序列	・人事評価がしやすい ・離職率が低下する ・長期的な人材育成ができる	・モチベーションが低下する ・高齢化で人件費が上昇する
終身雇用	・人材を長期的に確保できる ・会社への帰属意識が高まる ・安心して働ける	・革新的なアイデアが生まれない ・能力が低くても解雇しにくい
退職金制度	・福利厚生の1つになる ・節税効果がある	・退職金の原資を内部留保しておく必要がある ・給与が低くなる可能性がある

年齢や性別を理由にスタートアップで
働くことを諦める必要はありません。

スタートアップには誰もが
チャレンジできる可能性がある

個人の裁量でチャンスを作り昇進・昇給できる

　スタートアップ企業は個人の裁量権が大きく、性別や年齢を問わず
にやる気次第でたくさんのチャンスを作れます。

　いまだに性別や年齢差による賃金格差が問題として話題になります
が、その原因は賃金が高い管理職に女性や若手社員が少ないことにあ
ります。スタートアップ企業なら女性や若手社員が優遇されるという
わけではありませんが、**自らの裁量でチャンスを作り、そのチャンス
をものにできれば昇進・昇給は可能**です。

　新卒者はもちろん、さらに若い世代にもスタートアップへの門戸が
開かれている事例もあります。

　たとえば、4章で紹介しているユーグレナはChief Future Officer 最
高未来責任者という役職を設けていました。この役職に就いていたの
は一般募集で選ばれた18歳以下で、ともに活動するメンバーも18歳
以下です。彼らの提言を受けてユーグレナはサステナビリティの取り
組みを強化しています。

　年功序列文化が根付く大企業にはない、女性や若手社員の意見を聞
いたりチャンスを与える社風がスタートアップにはあるので、能力を
発揮する機会は誰にでも訪れるといえるでしょう。

多くの人と交流してチャンスを掴む

　スタートアップで働く社員やスタートアップ界につながりがある人と交流することで、求人情報がネットに公開されていない有望なスタートアップ企業の選考が受けられるかもしれません。ですので、**スタートアップに興味があり、就職や転職を検討している人は、交流会やスタートアップ関連のイベントに参加するなどして、多くの人と交流するようにしましょう**。なぜなら、スタートアップ企業は人材採用にコストを費やす余裕がないため就職・転職サイトやエージェントを通さないリファラル採用を導入していることが多くあるからです。リファラル採用とは、社員に自社に適する人材の紹介を依頼し、紹介された入社希望者を選考する採用方式になります。就職・転職サイトやエージェントを通じての応募の場合は、年齢や所有資格などの応募条件があり、その条件を満たしていないと応募ができません。しかし、リファラル採用であれば、紹介者である社員に会社にマッチする人材と思ってもらえれば、最低限の応募条件があったとしても紹介してもらえる可能性があるのです。このようにスタートアップには入社前から、誰にでもチャレンジできる可能性があります。

リファラル採用とは

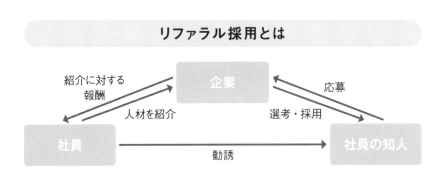

まずスタートアップ選びで
重要なのは「企業ビジョン」

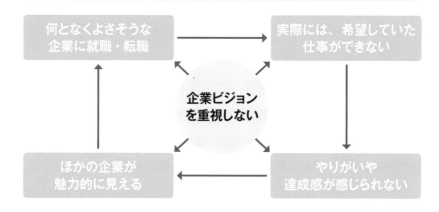

企業ビジョンを重視しないことで陥る負の循環

何となくよさそうな
企業に就職・転職

実際には、希望していた
仕事ができない

企業ビジョン
を重視しない

ほかの企業が
魅力的に見える

やりがいや
達成感が感じられない

企業理念と企業ビジョンの違いとは

　「企業ビジョン」を重視しないと、上図のような負の循環に陥る可能性があります。そのため、就職・転職する際は企業ビジョンを確認しましょう。企業ビジョンと並んでよく出てくる言葉に「企業理念」があります。企業ビジョンへの理解を深めるために、まずは2つの言葉の違いを確認しましょう。

　企業理念とは、企業が活動していくうえで基本となる「価値観」「信念」「行動規範」などのこと。「CO_2削減に貢献する」という理念を掲

げている企業が、利益のためにCO_2排出量が多い商品を開発することは、企業理念に反している取り組みとなります。

　企業理念を具体的に表現した企業が目指す将来像が「企業ビジョン」です。 先述の例でいえば「○○年までにCO_2排出量ゼロの商品を開発する」などが企業ビジョンとなります。つまり、企業理念があって、企業ビジョンが定められるのです。基本的に企業理念が変わることはありませんが、企業ビジョンはその企業や社会の状況などによって変わります。また、企業によっては企業ビジョンのほかに、ミッションやバリュー（行動指針）などの言葉も用いることもあります。

事前に企業ビジョンを確認しておく

　「CO_2排出量ゼロの旅客機を開発する」ことを企業ビジョンとしている企業では「世界一速いがCO_2は排出する旅客機を開発する」という企業ビジョンに反する目標は認められないでしょう。それは、もちろんスタートアップ企業も同じで、企業ビジョンにマッチしていない仕事は認められません。そのため、**自分のやりたいことと企業ビジョンがマッチしているのかが重要となります。**

　自分がやりたいことと企業ビジョンがマッチしていなければ、入社してもその企業で働き続けるのは難しいでしょう。とくにスタートアップ企業には、同じ目的を持った人々が集まります。そのような環境で自分だけが違う目的を持って働くことはできません。

　企業ビジョンは企業ホームページから確認できます。しかし、シードステージなどの起業間もない場合は、企業ビジョンがあっても明文化されていないこともあります。そのような場合は、面接や入社前の面談などで、代表者などに企業ビジョンの確認をしましょう。

スタートアップでは自ら行動して 仕事を作り出すことが求められる

指示待ち人間はスタートアップでは歓迎されない

主体性に欠け、指示されたことしかやらない・できない人間を「指示待ち人間」と揶揄することがあります。

仕事が分業化され個人の役割が明確となっている大企業の社員や公務員などであれば、与えられた仕事ができる指示待ち人間でも問題はありません。しかし、仕事が分業化されていなかったり、そもそも仕事を見つけ出さなくてはやることがなかったりするスタートアップ企業では、「指示待ち人間」を求めていないのです。

4章で紹介しているスタートアップ企業に「求める人材やスタートアップ企業に向いている人材について」という質問をした際も、多くの企業から**「指示待ち人間は当社（スタートアップ企業）で働くには向かない可能性が高い」**と回答されています。

その理由としてもっとも多かったのが、「仕事は与えられるものではなく自ら行動して作り出すものだから」というものです。会社が用意した仕事を積極的にこなすことは自ら動いているように思えますが、これは指示待ち人間でもできます。

真にスタートアップ企業が求める人材とは、自ら行動して仕事を作り出せる人です。

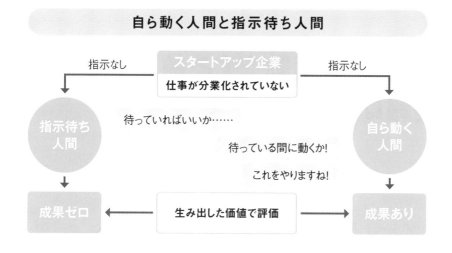

スタートアップ企業はやることが多い？

　裁量権が大きく働きがいがあるスタートアップ企業は、「その分やることが多くて大変なことも多いのでは」と思う人もいるかもしれません。もちろん仕事には成果が求められるため、状況によっては残業があって労働時間が長くなったり、取り組むべき仕事が多くなったりします。とくに、シードステージなど、人員に余裕がなかったり事業が安定していない企業の場合は、土日であっても会社のために働く必要があるでしょう。**そのような場合でも、自分がやりたいことの実現や会社の成長のために自ら行動して仕事を作り出す必要があります。**

　ただ、働き方は多様性があり、リモートワークやフレックスタイムを認めていることが多く、自分に合った働き方を選択できる可能性があります。仕事のやり方や働く場所など「自分で決めること」が多いのもスタートアップ企業の特徴です。そういった面でも、「指示待ち」の人には向いていないといえます。

就職・転職活動をする前に
情報は徹底的に調査する

ネットを積極的に活用する

　スタートアップ企業に就職・転職するためにすべきことは多くありますが、**まずは希望する企業への理解を深めるために企業HPをしっかり確認しましょう。**HPには採用情報も掲載されていて、採用募集がされているのか、給料などの待遇面、求められる能力などがわかります。しかし、小規模なスタートアップ企業の場合は人事担当の専門職を置くところまで手が回っておらず、採用のノウハウもないために詳細な情報が載っていないこともあります。

　そのような場合は、就職・転職サイトをチェックしましょう。スタートアップの就職・転職サイトには「ビズリーチ」や「リクルート」、「フォースタートアップス」などがあります。ほかにも、「Wantedly」や「LinkedIn」などのビジネスSNSを積極的に活用して、独自の人脈を築いて情報収集するのもよいでしょう。

　スタートアップ企業の情報収集に意外と役立つのが「X」（旧ツイッター）です。自社のHPを更新するよりもやりやすく、シンプルなので多くのスタートアップ企業で情報発信に使われています。スタートアップの経営者や広報の担当者が、事業内容や会社の歴史などの就職・転職活動に役立つ情報を発信していることがあります。

ネットを活用した企業情報の収集例

企業HP

採用情報をはじめ、企業のさまざまな情報を得られる

就職・転職サイト

企業HPで不足していた情報を得られる可能性がある

ビジネスSNS

人脈を作れたり、独自の情報を収集できる可能性がある

一般的なSNS

企業広報から最新の情報が発信されている可能性がある

自分で調べることができる

働く前に業務に必要な情報や知識を仕入れる

仕事に必要な知識やスキルは、入社後に人事や先輩社員などから指導してもらえるものです。しかし、スタートアップ企業は人手不足な場合が多く、社員教育にまで手が回らなかったり、新入社員を指導するノウハウがないため、十分な指導を行えない場合もあります。

スタートアップでは、自ら仕事をする意欲が求められます。しかし、仕事に必要な情報や知識がなければどのように仕事をすればよいか判断できず、自ら仕事をすることはできません。そのため、入社前にその業種や分野を徹底的に調べておく、入社後も自ら行動して仕事ができるだけの知識を身につける、という姿勢が必要です。

スタートアップは社会課題の解決を目指すという高い志を持った人たちの集団です。そのため、働く前や、働きはじめてからも自ら進んで知識を得るという姿勢は必須であり、**その気持ちがない人は、入社後に周囲と温度差を感じて長続きしないでしょう。**

会社の成長によって業務内容が変わることもある

　会社が成長して優秀な人材が入社したり、既存の事業が見直されたりすることで、**自分の業務内容が大きく変わることがスタートアップ企業には多くあります。**「やりたい仕事は自分から動くけど、そうでない仕事は動かない」ということは許されません。このような状況でも自分から行動して仕事を作り出していかなければ、スタートアップ企業で働き続けるのは難しいといえます。

　とはいえ、社員は会社の所有物ではありません。会社の方針に納得できなければ、希望や考えを経営陣に伝えてみましょう。「自ら動く」というのは、こういった行動も含まれるのです。もちろん、一定の配慮をしてもらえても希望が100%叶うとは限りません。希望が叶わなかったときには2つの選択肢があります。

　1つめは、会社の決定を受け入れることです。メリットは、新たな業務に取り組むことで気づかなかった自分の適性や能力を発見できる可能性があること。「今までと違う業務をゼロから行ったという経験が財産になった」という声も多く挙がっています。デメリットは、ゼロからはじめるため、新たな業務に関係する情報や知識が必要になることが挙げられます。

　2つめは、自分がやりたい業務を求めて転職することです。メリットは、転職先でやりたい業務ができることです。デメリットは、転職がうまくいかない可能性があることが挙げられます。

　スタートアップ企業は大企業に比べて倒産確率が高いので、安易に転職すると後悔する可能性があります。**どんな選択をするにしても、自ら考えて行動しなければならない**のです。

スタートアップにはやり直し文化が根付いている

　スタートアップで働く際は、「**失敗**」**を恐れる必要はありません**。なぜなら、スタートアップは失敗することが当たり前だからです。スタートアップに限らず、日本では起業から3年間で90％近くの会社が倒産するというデータがあります。注目されているスタートアップ企業の起業家やそこで働く社員も、失敗を経験しているはずです。その失敗の積み重ねの結果が、現在の成功につながっています。

　優れたスタートアップ企業に就職・転職してよいキャリアを築くことができれば最善ですが、もし勤めたスタートアップ企業で思うようなキャリアを築けなかったとしても、そこで働いて得られた経験を次に活かすことができるでしょう。失敗の積み重ねも、よいキャリアを築くためにときには必要です。人生は一度きりですが、やり直すことは何度でもできます。失敗を恐れずに自ら行動していく、というのがスタートアップで働く大前提だといえるでしょう。

失敗をしてもよいキャリアを築ける

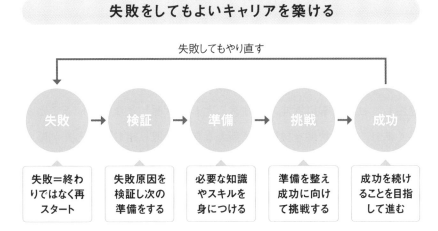

失敗してもやり直す

失敗	検証	準備	挑戦	成功
失敗＝終わりではなく再スタート	失敗原因を検証し次の準備をする	必要な知識やスキルを身につける	準備を整え成功に向けて挑戦する	成功を続けることを目指して進む

自分の適性に合った成長ステージで
働ければ能力を発揮しやすいでしょう。

成長ステージごとで求められる能力・人物像

シード・アーリーステージはゼネラリストが不可欠

　会社を設立して軌道に乗せるまでは、プロダクトの開発や顧客の獲得、資金調達などさまざまな業務を少人数で行わなければなりません。そのため、**シード・アーリーステージといった初期ステージにあるスタートアップ企業は、さまざまな役割をこなす「ゼネラリスト」タイプの人材を求める傾向があります**。ゼネラリストタイプの人は、人材が十分に確保できていない企業ではとくに重宝されるでしょう。

　もちろん、特定の知識や技術に特化した「スペシャリスト」タイプが求められていないわけではありません。しかし、人手が足りない中で多様な業務をこなさなければならない初期ステージでは人手が不足しているため、専門外の仕事でも積極的にやることが求められるので、自ら行動する姿勢は不可欠です。

　この2つの成長ステージでは「問題が解決される前に新たな問題が発生し、社内は常に混沌（カオス）とした状態」となっていることが多くあり、その状態を放置して新たな業務に取り組むといった判断が必要なときもあります。そのような状況を「楽しそう・楽しめそう」と思えるような、精神的タフネスを持つ人もシード・アーリーステージで求められる特性といえます。

ミドル・レイターステージではスペシャリストが活躍

　会社が成長すれば人を採用する余裕が生まれ、会社の成長のために必要な人材も明確になってきます。そのため、ミドル・レイターステージでは、スペシャリストタイプが求められます。ただし、スタートアップ企業は会社が成長しても大企業に比べればやるべき雑多なことが多く、体系化されていないため、スペシャリストをきれいに配置できないというケースもあります。

　そのため、ゼネラリストタイプも必要とされます。幅広い知識や経験を持っていたり、社内を観察して課題を発見してその解決のために行動できる人材は、どの成長ステージでも必要とされるのです。

　会社の成長や環境の変化によって求められるタイプが変わることは自然なことで、その変化に苦しむ人が多いのも事実です。しかし、**自分がその会社で何をしたいのかが明確であれば、働き続けることができるでしょう。**

成長ステージごとに求められる人物像

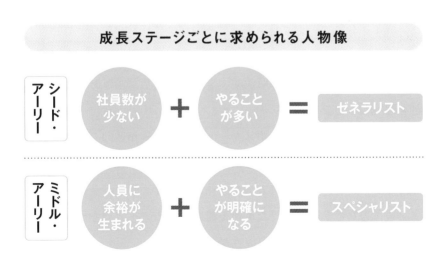

スタートアップで働く前に
できること・やっておくこと

社会について幅広い視野を持つ

　スタートアップで働く前にやれること、やっておくべきことの1つに、社会について広く知ることがあります。

　スタートアップは社会課題の解決を目指していますが、その解決方法を考える前に、社会にはどんな課題があるのかを知らなければなりません。なぜなら、何が事業と関連して、その課題解決の役に立つのかわからないからです。

　割り振られた仕事をこなす知識があれば人材としては十分、という組織化が進んだ会社もあるでしょう。しかし、スタートアップではそれでは不十分です。スタートアップで働くには、社会について知っておく必要があります。社会はさまざまな人やものなどが関連して成り立っていること、そこには解決すべき多くの社会課題があるということを理解しましょう。

　そのうえで、自分が目指すスタートアップ企業がどのような社会課題の解決を目指しているかを意識してみましょう。社会を俯瞰する目を養えていれば、別の解決方法を発見できたり、既存のサービスや商品、考え方などを結び付けた革新・最新性あるアイデアやビジネスモデルをひらめいたりできる可能性があります。

ネットではなくリアルで会ってみる

　前述のように、ネットを通じたスタートアップ企業の情報収集はとても効率的です。しかし、職場の雰囲気や社員の人柄など、実際に職場を見学したり、直接話を聞いたりしなければわからないこともあります。そのため、スタートアップ企業が主催するセミナーやイベントに参加したり、会社訪問をしたりするなど、**ネットからでは得られない「生」の情報を収集する**ことも大切です。

　生の情報とは、HPや会社紹介動画などでは伝わりにくい「社風」や働いている人たちの「雰囲気」などで、自分と合うかを確かめるのに役立ちます。また、正社員になる前にインターンシップや副業・アルバイトなどの雇用形態で働いてみるのもよいでしょう。

　交流会やビジネスSNSを通じて、人脈作りをしておくのもおすすめです。たとえばLinkedInでは自分のプロフィールをチェックしている人や企業、つながるとよさそうな人などを知らせてくれます。

スタートアップで働く前にできること

社会について知る	企業の生の情報を収集する
社会課題を解決する前に社会にある課題を知らなければならない	社員に直接話を聞いたりバイトなどで働いたりして生の情報を収集する

・セミナーに参加する ・実地見学に行く ・社会貢献活動に参加	・アルバイトで働く ・インターンに参加する ・先輩訪問で話を聞く

4つある成長ステージそれぞれの、働くうえでの
メリットとデメリットを確認しておきましょう。

働くのにおすすめな
スタートアップ企業の成長ステージ

成長ステージごとの働き方のメリット・デメリット

ステージ	メリット	デメリット
シード	世界に認められる事業を創出できる可能性があり、期待感が持てる	金銭的な報酬は期待できず、労働環境も過酷な傾向がある
アーリー	成果が世の中に出はじめ、今までの苦労が報われたという達成感が得られる	
ミドル	会社が軌道に乗りはじめ、給料や福利厚生の充実など、労働環境の改善が期待できる	仕事の分担化や外部からの人材登用によって希望の仕事ができない可能性がある
レイター	上場企業以上の収入が期待できる可能性が高まる	会社の組織化が進み、スタートアップで働いている実感を得にくくなる

やりがいもリスクも大きいシード・アーリーステージ

　スタートアップ企業は、成長ステージごとに働くうえでのメリットやデメリットが変わります。自分はその変化に対応できるのか、就職・転職を希望する会社の成長ステージに適しているのかを事前に確認しておきましょう。

　ここで注意しておきたいのが、シードとアーリーステージで倒産する企業が非常に多いこと。つまり、長期的・安定的に働くことができ

る保証はありません。しかし、世界に認められる事業が創出できるかもしれない、社会的に大きな成功ができるかもしれない、という夢や希望を大きく持てる時期でもあります。2つのステージのスタートアップは、ともに経営は安定していませんが、プロダクトが実際に動きはじめる段階であり、創業期からの成果が社会に発表できる・認められるという達成感が得られるのはこのステージならではです。

また、どちらのステージでも多くの報酬を望むことは難しいかもしれませんが、報酬の一部を株式で受け取ることができれば、将来会社が成長して株価が上昇すれば大きな恩恵を享受することができます。

また、裁量権も与えられやすいため、自分のアイデアを実現させたり、能力を発揮しやすい環境でもあります。**リスクを許容でき、自分の力でやりたいことがある人にはおすすめなステージです。**

働く環境が整っていくミドル・レイターステージ

事業が拡大していくミドルステージでは、給料の上昇などの雇用環境がよくなることが期待できます。ただし、会社の成長を目指して外部から優秀な人材を迎え入れたり、社員を増やして仕事を分担する段階のため、自分の裁量だけでは仕事ができなくなる可能性もあります。

レイターステージでは、上場企業以上の収入を得ることが期待できるでしょう。しかし、大企業並みに組織化されていくことも多く、スタートアップで働いているという実感が得にくいかもしれません。

スタートアップ企業でもある程度安定して働きたいという人は、この2つのステージがおすすめです。しかし、スタートアップの魅力である仕事の裁量は小さい可能性もあります。会社の成長に携われるというやりがいや達成感は得にくいかもしれません。

成功する可能性が高いスタートアップ企業は、
投資額でも測ることができます。

ベンチャーキャピタリストが
投資している企業に注目

誰が投資しているかを確認してみる

成功するスタートアップ企業を見つけられる絶対の方法はありませんが、その可能性を高める方法はいくつかあります。

たとえば、3章で紹介しているスタートアップ企業のアイデアやビジネスモデルを評価して、自分で有望な企業を見つける方法。とはいえ、それは簡単ではなく、さらに起業家の経営手腕を見抜く力や競合他社と比較する能力などそれ以外の能力も成功する企業を見つけるために必要となるでしょう。

ここでは一例として、優れた投資家を探して、その投資家が投資している企業から有望なスタートアップ企業を見つけるという方法を紹介します。さまざまな方法を用いて、成功するスタートアップ企業を見つけてよいキャリアを築いていきましょう。

VCに所属して、未上場企業に投資をする担当者を「ベンチャーキャピタリスト」といいますが、彼らの仕事は成功する企業を見極め投資して利益を出すこと。つまり、彼らが投資している企業は将来の株価上昇が期待されているのです。

投資家から高い評価を受けてるスタートアップ企業は、将来有望と考えることができるでしょう。

ベンチャーキャピタリストの探し方

　優れたベンチャーキャピタリストを見つける方法としては、ベンチャーキャピタリストを特集している経済誌やテレビ番組などから探すという方法が考えられます。しかし、このような特集の場合は少なからず、スポンサーや制作陣の意向が反映された恣意的な内容になっている可能性があります。そのため、メディアからの情報を信じ過ぎてはいけません。

　では、もっともよい方法は何でしょうか？　**それは、VCからの支援を受けて成功したスタートアップ企業に直接聞いてみることです。**ベンチャーキャピタリストは投資後も経営のアドバイスや提携先企業の紹介など、企業を成長させるためにさまざまな支援をします。経営危機がなく、順調に成長するスタートアップ企業は多くありません。危機を乗り越えるために、ベンチャーキャピタリストからの支援が有効なことが多々あり、成功した経営者はその支援に対して感謝を述べることがあります。その際に、どのVCやベンチャーキャピタリストからの支援が有効だったのかなどを聞ければ、スタートアップ企業から支持されている優れたベンチャーキャピタリストを見つけることができるでしょう。

ベンチャーキャピタリストの主な業務

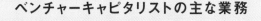

小 ―――――――――――事業への関与度―――――――――――→ 大

資金の出資	経営・事業計画作成支援	人材・提携先紹介など直接事業を支援

事業への関与が高まるほど、ベンチャーキャピタリストの能力が問われる

起業家自身にも注目しよう

　誰が会社を起業したのかにも注目してみましょう。

　成功した起業家は新たな企業を立ち上げて、新ビジネスをはじめる場合があります。4章で紹介している「SmartHR」創業者・宮田昇始氏も会社が急成長中であるにもかかわらず、2021年に退社してその後、新たな企業を立ち上げています。

　世界的起業家、Teslaの共同創業者兼CEOであるイーロン・マスク氏も同様で、マスク氏はTeslaの創業前に複数の会社の起業に関わりました。そのうちの一社である電子決済大手のPayPalの売却では約200億円を得たといわれています。その資金は、Teslaや航空宇宙メーカーのSpaceXの起業や運営の資金として役立ちました。

　優れた起業家や経営者の下で経験を積んで、満を持して起業する起業家もいます。彼らも能力や経験値があるので成功する可能性が高いでしょう。また、そのような人は豊富な人脈を持っているものです。人脈があるからこそ得られる情報や支援もあり、それらがあることで起業が成功する可能性が高まると考えられます。

　起業家の講演会や一般公開されているピッチに参加して優れた起業家を探してみるのもよいでしょう。講演会やピッチ後に起業家と話ができれば、その人柄なども直接確認することができます。起業家と話をする際は、講演後などで疲れているかもしれないなど、相手を気遣って講演の感想を述べるだけにするなど手短にしましょう。

　成功するスタートアップ企業を見つける絶対の方法はありませんが、**さまざまな方法を用いて少しでも成功する可能性が高いスタートアップ企業を探していきましょう。**

起業家に出会う方法例

起業家の講演会に参加する	ピッチに参加する	スタートアップのイベントに参加する
起業家の過去の体験や成功するために努力したことを学べる	起業家のビジネスアイデアを詳しく知ることができる	一度に多くの起業家と出会える可能性がある

通常、イベント参加後に起業家に挨拶ができる

 注意! 起業家が疲れている、後ろに挨拶をしたい人が並んでいる、といったことを考慮して挨拶の時間は短くしたほうが好印象

失敗のリスクを減らすためにアンテナを張り続ける

　実績のあるベンチャーキャピタリストが投資していたり、優れた起業家が手がけたりしているスタートアップ企業は、ほかの企業に比べて成功を期待できると考えられます。そのため、自分の希望とマッチしている企業であれば、就職・転職先として有望となるでしょう。

　成功を過度に追い求めたり失敗を恐れたり、これらの方法に固執して自分がやりたい仕事ができなくなっては本末転倒ですが、自分が働きたいスタートアップ企業を絞り込んだうえで、成功する可能性が高い企業を見つけるための努力をするのは無駄にはなりません。

　自分のやりたいことと企業ビジョンがマッチして、さらに成功する可能性が高いスタートアップ企業を見つけるためには、常に広くアンテナを張っておくことが大切です。

起業家や経営者層と
話をするときの準備をしておく

起業家や経営者層から意見を求められることもある

　起業家や経営者層と話をする機会もあるでしょう。その際に意見を求められ、よい意見を出せればその実現のために行動する許可が下りてやりたいことが実現できるかもしれません。**よい意見を出すためには、起業家の考え方を知る努力をしたり、会社経営に関する知識を身につけるなど、準備をしておくことをおすすめします。**

　たとえば、事業を継続・展開させていくための資金調達の方法は従業員となったときにも考えるべき命題です。その際には起業家の考え方や知識を持っていることはプラスになります。

　また、アイデアやビジネスモデルを金融機関や投資家などにプレゼンして資金調達をするために、起業家は自社のアイデアやビジネスモデルを魅力的かつわかりやすく伝える方法をいつも求めています。そんなときに自分なりの意見をいえる人材であれば、意見に耳を傾けてもらえるでしょう。3、4章や上場企業のIR資料などに載っているビジネスモデルの図解化などを参考に、自分の考えるビジネスモデルを説明できるようにしておくのもよいでしょう。

　ほかにも、起業時や起業後に利用できる公的な支援制度についての知識も起業家や経営者層と話をするときに役立ちます。

起業に対する主な公的支援

起業支援金	新たに起業して地域の課題解決に貢献する事業などを対象に、起業などのための伴走支援と事業費を助成する
地域創造的起業補助金	新たに創業する起業家を対象に創業などに必要となる経費の一部を補助する
新創業融資制度	新規事業を開始する起業家や事業開始後税務申告を2期終えていない起業家を対象に原則として無担保・無保証人で、最大3,000万円（そのうち運転資金は1,500万円）まで融資する
IT導入補助金	ITツールを導入して、業務効率化や売上アップなどを目指す中小企業や小規模事業者を支援する
ものづくり補助金	新製品・サービスの開発や生産プロセスの改善などを行う中小事業者を支援する

※各支援を受けるためには申請をして審査を受ける必要がある。要件を満たしていないなどの場合は支援を受けられない

お金をはじめとするさまざまなリスク

　起業家の考え方を知るためにも、起業や経営のリスクを知っておきましょう。 リスクの最たるものがお金で、起業家は事業の継続・展開のために負債を背負うリスクを選択することがあります。また、社員を雇用し続けなければならないリスクや、健康を損なったり家族との時間がとれなかったりするリスクなども考えられるでしょう。

　起業家はこれらのリスクを背負って会社を起業・経営しています。これを知っておけば、彼らの立場を慮った対応ができるでしょう。

　一方、起業や会社経営にはリターンもあります。たとえば、自分のアイデアを自分の会社で実現して社会課題の解決に貢献できれば、社員として企業で働く以上の達成感を得られるでしょう。また、成功したときの報酬は社員以上です。これらのリターンがリスクを負っても起業・経営を行うモチベーションとなっていると考えられます。

スタートアップ企業は「失敗したら終わり」ではなく
失敗を成功の糧にする人が求められます。

起業家は社員にも失敗を
成功の糧にすることを望んでいる

起業家には失敗してもリベンジする人が多い

　4章で紹介している企業の中には、起業から成功までなどの過程を
まとめて書籍として出版している起業家がいます。起業家本人の考え
方やスタートアップで働く際の参考となる考え方を得られるので、一
読する価値はあるでしょう。

　彼ら起業家の多くは書籍で自身や会社の失敗談を紹介しています。
つまり成功した起業家でも、何らかの失敗はしていることが多いので
す。そして、**彼らは失敗後に必ず新たな挑戦やリベンジをしています。
失敗を事業を成功させるための糧にしたのです。**その考え方や体験は、
多くの起業家に共通しており、そういった経験を経ているからこそ、
社員の失敗も許容して次の挑戦を後押ししてくれます。

　起業家・経営者層・社員など、どの立場で失敗したとしても、投資
家や顧客をはじめとするすべてのステークホルダーには誠実に対応し
なければなりません。それができれば、再出発の際にまた支援しても
らえる可能性が高まるはずです。実際に誠実な対応をしたことが理由
で、新たな支援を申し出られた起業家もいます。

　スタートアップでは失敗したとしても、その経験を成功の糧にすれ
ばいいのです。起業家や経営者層もそれを望んでいるでしょう。

起業や会社経営の失敗経験は必ず糧になる

起業や会社経営に失敗した人を「かわいそう」「惨め」と思うのは間違いといえるでしょう。その理由は、彼らは起業や会社経営という普通ではできない経験を得ることができたからです。

彼らはその経験を成功への糧にしていることが多く、もしリベンジをしなくても社員として働くうえでもその経験を活かせるでしょう。

なぜなら、起業や会社経営を経験したことで、経営者目線を踏まえて仕事に取り組めるからです。ほかの社員にはないこの視点は大いに役立つでしょう。実際に、**起業したからこそ得られる経験や能力などを期待して、起業経験者を積極的に採用する企業もあります。**

このように、起業家や経営者層は失敗した経験も成功への糧にしているのです。この考えや経験があるので、社員の失敗も許容して挑戦を後押ししてくれます。このことを知っておけば、より積極的にスタートアップでチャレンジすることができるでしょう。

起業経験は無駄にならない

起業・会社経営に挑戦

経験で備わる3つの力

失敗に対する耐性　経営者の目線　諦めない気持ち

失敗してもニーズがある

再就職・再起業

失敗しても再挑戦

大切なのは
ユーザー目線

皆さんは「プロダクトアウト」と「マーケットイン」という考え方を聞いたことがありますか?

プロダクトアウトとは、自分たちが持つテクノロジーや資産を使ってサービスを作り世の中に提供する考えで、マーケットインとは世の中の求めるものを作って提供するという考え方です。

どちらの考え方にもメリット・デメリットはありますが、スタートアップで推奨される考え方は後者のマーケットインです。

事業をはじめるうえで大切なのは、自分の作りたいものを作るのではなく、相手がほしがっているものを作ることです。自分のエゴを押し付けるのではなく、ユーザー目線に立ち、ユーザーが求めるものを提供するということです。こうすることによって相手から対価を得られるわけです。

しかし、エンジニアや研究者はこの観点を忘れがちです。ブロックチェーンやNFTなど、新しいテクノロジー、概念が出ると、まずはそれを使ってサービスを作ってしまいます。ユーザーのニーズを後回しにして、新しいものを使ってみたくて仕方ないのです。しかし事業というのはお金を払うユーザーがあってはじめて成り立ちます。

皆さんは是非ユーザー目線を忘れることがないように、物事を考えるようにしてください。それができれば、社会課題の解決に貢献するサービス・商品を生み出せるでしょう。

3章

スタートアップの
ビジネスモデルを
評価する

....

ビジネスモデルの評価とはつまり将来性の
こと。その評価の仕方や調べ方を学ぶこと
で、成功するスタートアップを見つける目を
養うことができるでしょう。

企業が利益を上げる仕組みを
作れているかを確認しましょう。

ビジネスモデルの理解に役立つ 2つのビジネスモデル

ビジネスモデルで確認すべきこと

課題		解決方法		収益構造
誰の 個人・組織など どのような ニーズなど	→	どうやって 革新性のある サービス・ 商品を活用など	→	利益 収益の仕組み・ ・対価としての 妥当性

企業の目的は利益を上げること

よいサービスや商品があっても、利益を上げることができなければその企業はいずれ事業の継続ができなくなります。そのため、利益を上げるための仕組みづくりは企業にとって重要です。

利益を上げるための仕組みがビジネスモデルです。企業ごとにさまざまなモデルが存在しますが、利益を上げられる状態になっていれば、成立しているといえます。ビジネスモデルを評価したり考えたりするときは、「誰の」「どのような課題」を「どうやって」解決して、どのような「収益構造」で利益を生み出しているのかを確認しましょう。

Winner take allモデル

　ビジネスモデルは、大きく分けると2つのモデルがあります。1つめが「Winner take all（勝者総取り方式）モデル」。1社または数社で特定の市場を独占するビジネスモデルで、最初に市場シェアを獲得した企業が他社との競争で優位となる傾向があります。

　このモデルの代表的な特徴に「ネットワーク効果」があります。これは、ユーザーの数が多ければ多いほど、そのサービス・商品の価値がすべてのユーザーにとって高まっていくという現象で、フリマアプリはその代表的な事例です。ユーザー数が多くなるほど出品者も購買者も増えるので、双方にとって取引が成立しやすくなるという利便性が向上していることがわかるでしょう。

ネットワーク効果とは

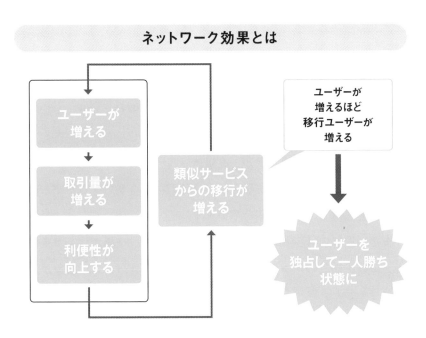

Competitive Marketモデル

　もう1つのビジネスモデルが「Competitive Market（競争市場）モデル」です。このモデルは、市場シェアを独占する企業は存在ぜず、市場内で多くの企業が競争している状態となっているのが特徴です。このモデルの代表例はメディアや食品業界となります。

　Competitive Marketモデルは、市場を独占する企業が存在しないため、Winner take allモデルに比べて後発企業でもアイデアや差別化の手法次第で市場シェアを獲得するチャンスがあるのがメリットです。 しかし、市場シェアを獲得できても新たな競争相手が続々と市場に参入してくるため、市場シェアを維持するために、価格競争に巻き込まれやすいというデメリットもあります。

　このビジネスモデルで生き残るには、他社との競争力を常に維持することが求められます。競争力を維持する方法の一例として、顧客ニーズや市場の流行を調査してサービス・商品を改良したり、自社のブランド価値向上のために広告をしたりするなどがあります。

　Competitive Marketで後発企業が成功した事例がオンライン旅行予約サイトです。この市場では、楽天トラベルやじゃらんが先行していました。しかし、高級ホテル・高級旅館専門予約サイトという差別化要素を持って後から市場に参入した一休も後発企業でありながら市場シェアを獲得して成功を収めています。

　また、近年Competitive Marketで競争が激しい市場がオンライン診療。コロナ禍でのオンライン診療の完全解禁をきっかけに競争が激しくなりました。アイデアや差別化の手法のヒントが見つかるかもしれませんので、オンライン診療サービスを提供している各社のサービス

を確認してみましょう。

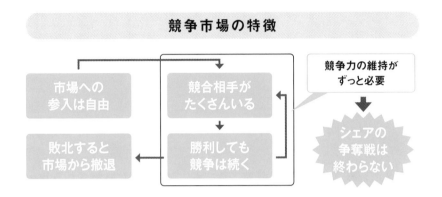

競争市場の特徴

市場への
参入は自由

競合相手が
たくさんいる

競争力の維持が
ずっと必要

敗北すると
市場から撤退

勝利しても
競争は続く

シェアの
争奪戦は
終わらない

ビジネスモデルにはメリットとデメリットがある

ビジネスモデルのメリットとデメリットを見極めることは、企業の
将来性を判断するために重要です。

Winner take allモデルは、市場を独占して巨大な利益を手に入れら
れる可能性がありますが、既に市場シェアを獲得している先行者がい
る場合は成功を収めるのが難しいでしょう。Competitive Marketモデ
ルは、すでに市場があるので参入が容易ですが、他社との競争が求め
られます。

**企業は、提供するサービス・商品の特性や顧客ニーズなどを考慮し
てビジネスモデルを決めています。**ビジネスモデルを理解して、最適
なのかを評価することができれば、変化や競争が激しいビジネスの世
界で生き残る可能性が高い企業を見つけることができるでしょう。そ
のため、ビジネスモデルの背景にあるアイデアや他社との競争を優位
に進めるための企業の強み（競争優位性）を調べることが重要です。

起業家の視点でアイデアを評価することで
アイデアが生まれた背景を想像できるでしょう。

ビジネスのアイデアを評価するには
起業家の視点を持つことも大切

アイデアの評価に役立つ3つの視点

　優れたビジネスモデルを構築できても、**ユーザーに支持されるサービス・商品が提供できなければ継続して利益を上げることはできません**。そのため、企業が提供するサービス・商品がユーザーの課題を解決できていたり、ユーザーが求めていたりするものなのかを調査・評価することは、ビジネスモデルを評価するのと同じくらい大切です。

　起業家がどのような視点からアイデアを考えているのかを知っておけば、アイデアの背景を想像しやすくなり、そのアイデアを実現させたサービス・商品がユーザーの課題解決に役立つのかや、ユーザーから必要とされているのかを評価する際に役立つでしょう。

　起業家がアイデアを考えるための方法はさまざまありますが、ここでは、身近な視点からアイデアを考える3つの視点について解説していきます。

アイデアを考える3つの視点　①海外視点

　海外の事例からアイデアを考えるのが海外視点です。以前は海外で成功・流行したあとにサービス・商品が国内に入るということが多々ありましたが、グローバル化が進んで、海外で成功・流行する前のト

ライアル中の情報も手に入るようになりました。

　優れた起業家は海外にもアイデアを求めてアンテナを張っています。まだ国内で展開されていないサービスや、起こっていない社会的な変化なども海外には多くあるものです。起業家はこのような海外の事例を参考にアイデアを考えることがあります。

　たとえば、インターネットが普及してネット広告がはじまったことで、テレビやラジオ業界は広告収入が減少しました。この現象は海外でもみられ、アメリカのネット広告費は日本より約2年早い2017年にテレビの広告費を上回りました。この現象に着目できていれば、YouTubeの広告ビジネスに関連したYouTuberやYouTube用の動画編集のシステム開発などのビジネスのアイデアが優れていることを評価できたかもしれません。**既に海外での成功事例がある、海外視点をもとにしたアイデアは日本でも成功する可能性が高いのです。**

海外視点の例

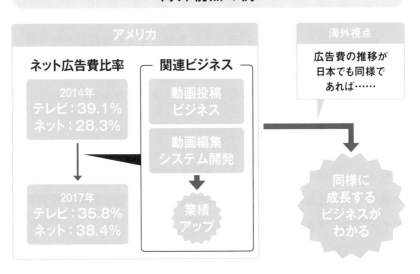

海外事例は過去のものでもビジネスモデルやアイデアを考える知見を得られます。その理由は、成功したビジネスモデルが生まれた時代背景や当時の主要顧客などを調べて、現在の市場環境との違いを考察することでアイデアを考えたり評価したりできるからです。

たとえば、家具メーカーのイケアが日本で成功した理由の1つに、家族団欒から個人ごとの生活に移っていく時代背景がありました。個人の居住空間であるベッドルーム向けの家具に強みがあったIKEA（イケア）のビジネスモデルが日本に適したのです。

家族のあり方は現在も変化しています。それに対応したビジネスモデルを持つ企業を探し、そのアイデアを評価してみましょう。

アイデアを考える3つの視点②　体験視点

2つめの視点は体験視点。これは、**体験をもとにアイデアを考える方法で、この視点から生まれた代表的なアイデアがシェアリングサービスです**。たとえば、車を所有したいけど、車の購入費や駐車場代などが高くて所有できないという課題を、他者とシェアすることで解決しています。自分や他人が利用しているサービスや商品の課題を考えてみましょう。もし、そのビジネスを発見できたら、それが多くの人にとって課題解決に役立つものなのかを評価してみましょう。

アイデアを考える3つの視点③　社会視点

最後は、社会の変化によって生まれた課題からアイデアを考える社会視点です。**社会の大きな変化によって生まれる社会課題を解決するアイデアは、大きなビジネスチャンスとなります**。たとえば、何らかの理由で行動が制限され、人と会えなくなる時代が訪れる可能性を予

測することができれば、Zoom（ズーム）のようなビデオ会議システムは、人と会えないという課題を解決するアイデアの1つとして評価することができるでしょう。

　社会の変化で起こる課題を予測して、その課題を解決するアイデアを展開している企業を探してみましょう。ただし、この未来を予測する方法はタイミングや課題解決の方法を間違えるリスクが高いので注意が必要です。社会の変化を予測する絶対の方法はありませんが、社会の変化は社会的な事件によって起きることが多いので、下図にある社会の変化を引き起こす主な要因をもとに予測してみましょう。

社会に変化を引き起こす主な要因

政治

 中国企業と取引する企業には制裁だ！   中国の景気が悪くなり経済成長が鈍化

社会

 飲食は黙食で感染防止に協力ください   家で食事する人が増えて宅配事業は好調

技術

 ガラケーからスマホへと主流が変化   キャッシュを持ち歩く必要がなくなった

環境

 二酸化炭素の増加で地球が温暖化に！   EV車やエコ製品の普及が進んだ

ビジネスは先行者が有利とは
限らない

ビジネスの先行優位性と後発優位性

　ビジネスは「ファーストペンギン、つまり早い者勝ち」「先行者の後追いをするのは不利」と思い込んでいる人もいるでしょう。確かに、先行者だけが持てる優位性はあります。しかし、同様に後発者だけが持てる優位性もありますので、一概にはいえません。つまり、ビジネスの世界では先行者が有利とは限らないのです。

　先行者やそれに等しい立場の者が持てる優位性を「先行優位性」といいます。 先行者が持てる最大の優位性は、時間的猶予です。市場が優れていると後発者が現れますが、先行者はそれまでの期間に準備ができる、つまり自社の強みである競争優位性を構築することができます。この競争優位性は、スタートップ企業のビジネスモデルに不可欠な要素です。

　そのほかの先行優位性には、「ブランディングイメージの獲得」があります。これは、先行して大々的にPRをした企業が顧客の第一想起になりやすいというものです。たとえば、マンツーマンダイエットを展開している企業としてイメージされやすい企業は、CMなどの広告を頻繁に行っている「RIZAP（ライザップ）」でしょう。顧客の第一想起になりやすいということは他社にない優位性になります。

後発者の優位性とは何か

後発者が持つ優位性を「後発優位性」といいます。後発者の最大の優位性は、最新の仕様を持って市場に参入できることです。最適なサービスや商品は常に変化しており、先行者もその変化に対応した最新の仕様でサービス・商品の提供を試みますが、既存のサービス・商品を最新の仕様にアップデートするのは大変なことです。そのため、後発者に比べて質や提供時期の面で劣ることがあります。

たとえば、コロナ前のオンライン診療は、オンラインで診察予約ができたりチャットで医師に質問できたりするだけでした。しかし、コロナの流行による社会的な変化によって、ビデオ通話サービスを使用して診断するという仕様が生まれ、後発者優位の状況になりました。

後発者のそのほかの優位性は、先行者に比べて参入コストを低くできることや、先行者の成功事例を参考にできるなどがあります。ビジネスモデルを評価する際は先行者が有利と決めつけずに、ビジネスの中身を評価しましょう。

先行優位性と後発優位性

先行優位性

後発者が
参入するまでの
時間的猶予がある

ブランディング
イメージを
獲得しやすい

**ファースト
ペンギン**

リスクのある新分野
に最初に挑戦する人

**セカンド
ペンギン**

リスクを十分に確認し
てから行動する人

後発優位性

最新の仕様を
準備して
市場に参入できる

先行者の
成功事例を
参考にできる

相手がマネできない優位性を有していることが
ビジネスでは何よりも重要です。

スタートアップのビジネスモデルには競争優位性が不可欠

マネできない競争優位性が不可欠

先行者		後発者

| **競合がいない ブルーオーシャンの市場を開拓** | 継続可能性 → | 模倣困難性 | ← 参入可能性 | **マネができる ビジネスモデルであれば参入** |

圧倒的な ユーザーシェアの占有　　　　**先行者にない 競争優位性でシェアを奪う**

競争優位性は模倣困難性が高いことが肝心

　ビジネスの世界では、先行者・後発者に関わらず、相手との競争に勝利しなければなりません。**その競争で勝利するための自社独自の優位性を「競争優位性」といいます。**

　スタートアップ企業は革新・最新性のあるアイデアやビジネスモデルを持って新しい市場を開拓していきますが、開拓する市場が有望なほど後発者が参入してきます。

　そのため、スタートアップ企業のビジネスモデルを評価する際は、後発者との競争に勝利できる競争優位性があるかどうかを評価するこ

とが何よりも重要です。

競争優位性＝模倣困難性

競争優位性を評価するためには、その本質を知っておく必要があります。**競争優位性とは模倣困難性が高いことであり、模倣困難性とは言葉通り、他者がマネしづらいことを意味します。**

いくら便利なサービスや差別化された商品でも、競争相手が容易に模倣できるようでは、いずれは競争を強いられることになります。

そのため、容易にマネできる便利な機能の追加や斬新な手法でのサービスの提供などは、競争優位性を高める施策とはなりません。競争優位性を評価するときは、この点に注意しましょう。

競争優位性を評価する際に役立つ方法については、次ページ以降で解説していきます。

便利な機能も斬新な手法も優位性になり得ない

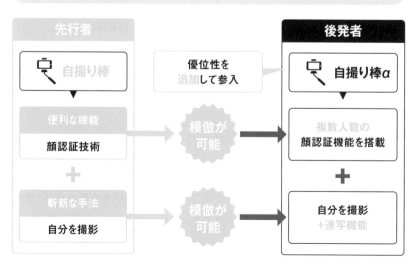

競争優位性を評価する際に、はじめに
確認することがスイッチングコストになります。

代替性のある製品やサービスは
他社との競争が激しい

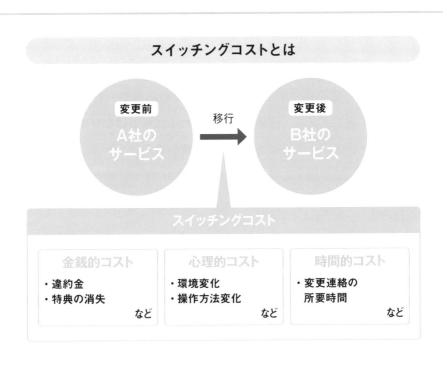

スイッチングコストとは

変更前
A社の
サービス

移行

変更後
B社の
サービス

スイッチングコスト

金銭的コスト	心理的コスト	時間的コスト
・違約金 ・特典の消失 など	・環境変化 ・操作方法変化 など	・変更連絡の 　所要時間 など

競争優位性でもっとも重要なスイッチングコスト

　競争優位性を評価するうえで重要な概念が「スイッチングコスト」
です。**スイッチングコストとは、サービス間を移行する際にかかるコ
ストを指します。** スイッチングコストには、「金銭的コスト」のほか、
「心理的コスト」と「時間的コスト」が含まれます。

金銭的コストとは

　スイッチングコストについて、メールサービスを例に詳しく解説していきます。**金銭的コストは主にサービス間を移行する際にかかる費用です。過去の送信履歴やアドレス帳などのデータの移行費用などになります。**個人では利用料金がかからないサービスを利用するという人も多いでしょうが、企業の場合はセキュリティを強化したり第三者のなりすましを防止するために企業独自のメールアドレスを作成する場合が多く、そのような場合、ほかのサービスには移行する際にデータ移行のコストがかかることがあります。

　また、「サービス移行によって割引や特典が受けられなくなる」ことを金銭的なコストと考える人もいます。そのため、サービスを一定期間継続して利用している顧客に対し、利用料の割引や特典付与を行うことも、金銭的コストを高める施策の1つです。

心理的コストとは

　サービスを変更したことで生じる「環境や操作方法の変化などに対応しなければならない」という心理的な負担が心理的コスト。メールサービスの場合、登録した各サービスのメールアドレスを変更しなければならない、というものがあります。メールアドレスを変更するとネット通販やクレジット会社など、各サービスで登録済みのメールアドレスも変更しなければならず、心理的な負担を感じるという人も多いでしょう。心理的コストを高めて成功を収めているのがAppleです。独自のOSであるIOSの操作に慣れているiPhoneユーザーは、ほかのOSの操作方法を覚えることに心理的な負担を感じているのです。

時間的コストとは

　メールにおける「時間的コスト」とは、**サービス移行によって生じる物理的な手間のことです。**サービス会社を変更すると当然メールアドレスも変更が生じますが、そうすると家族や友人、会社関係者などに連絡しなければならないでしょう。このような手間をかけることが時間的コストと認識されるのです。

　会社の評判を落とすのでよい施策ではありませんが、「解約手続きは店舗でしか行えない」「Webでの解約手続を複雑にする」なども、時間的コストを高めることにつながります。

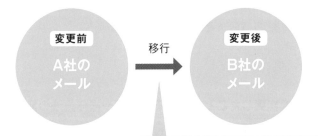

メール移行におけるスイッチングコスト

変更前	移行	変更後
A社のメール	→	B社のメール

スイッチングコスト

金銭的コスト	心理的コスト	時間的コスト
・違約金 ・特典の消失 ・サービスの移行費用	・アドレス変更の手続き ・新たに操作を覚える ・環境の変化	・解約の手間 ・新しい連絡先連絡の手間

3つのスイッチングコストを上回るメリットが必要になる

スイッチングコストを高める施策

　ビジネスモデルは多種多様で、どれが正解かはありません。しかし、**競争相手から獲得する顧客のスイッチングコストを低くできて、獲得した顧客のスイッチングコストを高くすることができるビジネスモデルは、理想のビジネスモデルの1つです。**業種やビジネスモデルによってスイッチングコストを高める施策はさまざま。企業がどのような施策を実施しているか調べて、競争優位性を評価してみましょう。代表的な施策としては、次の3つが考えられます。

　1つめは、自社のサービスを利用する顧客同士のコミュニティを設けることです。同じサービスを利用する顧客同士は趣味や嗜好など、共通の話題が多くあるでしょう。そこで、会社が用意したコミュニティでその場でしか交流できないようにするといった方法が考えられます。内部で顧客同士が仲良くなれば、その顧客はコミュニティの中で交流を続けていくために、他社の類似サービスに移行しないでしょう。

　2つめは、データを持ち出せないようにすることです。他社のサービスに切り替える際にユーザーがこれまで蓄積させたデータを持ち出せなかったり持ち出すのに費用などのコストが必要となる仕組みを導入しておけば、切り替えを躊躇する人が増えるでしょう。

　3つめは、報酬を設計することです。サービスを継続することで利用料の割引や特典の付与が受けられるようにすれば、顧客はほかのサービスに移行しにくくなります。

　企業のビジネスモデルを評価する際は、その企業がスイッチングコストを高めるためにどのような施策を取り入れているかを調査・評価することを忘れないようにしましょう。

競争優位性を評価するのに
役立つ8つの視点

視点① 信用の可視化

　「信用の可視化」とは、サービスの利用者がそのサービスやサービスの提供者を信頼できるのかを判断する材料を可視化することです。信用の可視化はインターネットサービスにおいてとくに重要となります。なぜなら、インターネット上で誰かにお金を支払うという行為は、相手への信頼がなければ行われないからです。

　皆さんは、インターネット上のサービスにお金を支払う際、何を基準にそのサービスやサービスの提供者が信頼できるか判断していますか？　多くの人はレビュー（口コミ）や満足度を「★」などで表した評価を基準に判断しているのではないでしょうか。

　たとえば、スキルシェアリングサービスを利用して、カメラマンにフォトウェディングを依頼しようとする場合、レビュー数が500件で評価★5のAカメラマンとレビュー数が10件で評価★1のBカメラマンであれば、Aカメラマンに依頼するでしょう。依頼をされるAカメラマンはさらにレビューや評価が集まり次の依頼につながります。これが信用の可視化の効果です。レビューや評価などの信用の可視化要素は取引がなければ蓄積しません。そのため、競争相手が模倣することが困難な競争優位性になるのです。

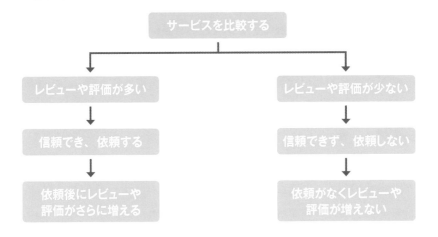

視点② 独占コンテンツの有無

　他社のコンテンツを自社のサービスを通じて顧客に提供することもあるでしょう。その際に、**提供するコンテンツの独占契約を結んでいれば、競争相手がマネできない競争優位性になります。**

　たとえば、動画配信サイトの中で、Aという映画を配信しているサイトが1つしかなければ、Aの映画を視聴したい人はそのサイトと契約しなければなりません。ほかにも「○○ホテルの土日祝日予約は自社からしかできない」といった独占契約を結ぶなども、この事例に該当します。また、独占コンテンツの契約には後発企業の参入を事実上不可能にする効果もあります。たとえば、ある事業者が「Jリーグを配信したい」と交渉しようとしても、既にDAZNと独占契約を結んでいるために断られるでしょう。そのため、その事業者はJリーグの配信市場に参入することができないのです。

視点③ データの蓄積

顧客や商品の利用状況のデータなども、長い時間をかけなければ蓄積できないので模倣困難性が高いといえます。

　顧客や商品の利用状況といったデータを分析することで「この顧客には商品Aを」「あの顧客はブランドBだと満足度が高まる」「この商品の重さは●gくらいがよい」といった予測が立てやすくなります。その結果、顧客満足度を高めることができ、競争を優位に進めることができるのです。「21世紀の石油」ともいわれるデータの利活用は、他社との競争に勝利するために重要になります。

視点④ コミュニティ

　顧客とのコミュニティを形成することは、スイッチングコストを高める以外の効果も期待できます。

　顧客一人ひとりが生涯を通じて企業にもたらす利益をLTV（ライフタイムバリュー）という指標で表しますが、**コミュニティにはLTVを高める効果もあるのです**。たとえば、コミュニティ内の発言を参考にしてサービス・商品の改良や開発をしたり、顧客の不満を投稿内容や投稿頻度から察知して適切なフォローしたりすれば、顧客のサービス・商品の利用継続率を高めることができ、長期的な利益の向上につながるでしょう。さらに、**コミュニティにはバイラル係数を高める効果もあります**。バイラル係数とは、既存顧客から生まれる新規顧客数の指標です。既存顧客の投稿や紹介を通じて新規顧客を獲得することができれば、新規顧客獲得のためのコストも抑えられます。顧客獲得のコストが他社より低くできれば、サービス・商品の開発や顧客フォ

ローをより充実させて優位に競争することができるでしょう。

　このようにコミュニティには、LTVを高めたり、バイラル係数を高めて新規顧客の獲得ができるといった効果が期待できます。これは、コミュニティがない他社にはない優位性となる可能性があるのです。

視点⑤ ブランディング

　先行優位性でも紹介した通り、ブランディングも他社が簡単にマネできない競争優位性になります。社名や自社が提供するサービス・商品に安心感や信頼感などがあれば、競合他社とのわずかな価格差や性能差は乗り越えることができるはずです。

　たとえば、コーヒーが目の前に2つ置かれているとしましょう。一方がスターバックスのコーヒーで、もう一方は見たことがないメーカーなら、どちらのコーヒーを飲みたいと思うかといえば、多くの人がスターバックスのコーヒーを飲みたいと思うでしょう。このように、ブランドのよいイメージは信頼感を生み、他社との競争において顧客に選ばれる理由になります。

ブランディング

ブランド価値（企業価値）の認識の流れ

社名（屋号）		企業価値を認識		ブランド
商品・サービス	実績 →	顧客からの信頼	信頼 →	社名（屋号）
				商品・サービス

➡上記の流れを意図的に行うことでブランド認知が高まる

視点⑥ 顧客への独自チャネル

新たな市場に参入する際に、**自社独自で顧客に直接リーチできるチャネルがあれば、他社にない競争優位性を持つことになります**。独自チャネルの代表例は、自社で運営するメディアです。また、コミュニティも独自チャネルの1つに数えられます。

たとえば、中学受験者向け情報サイトを運営している会社が中学受験者向けの通信教育市場に参入する場合、自社運営サイトの利用者に通信教育の宣伝をすることが容易で、市場参入と同時に一定の顧客を確保することが期待できます。このように、直接顧客にリーチできるチャネルは、競合がマネすることが困難な競争優位性となります。

視点⑦ 特殊層へのネットワーク

世の中には、芸能人やスポーツ選手のように、企業でも容易に接触ができない層がいます。たとえば、元プロ野球選手のオンライン野球教室ビジネスをはじめたいと思っても、そもそも彼らに接触できなければビジネスとして成立しません。また、実現できても元プロ野球選手たちと関係が深い後発者が参入すると選手の確保が難しくなり、事業の継続は困難になるでしょう。このように、ビジネスの内容によっては、特殊層へのネットワークの有無も競争優位性になるのです。

視点⑧ アライアンスの有無

アライアンスは「同盟・提携」などを意味する言葉です。大企業や官公庁とのアライアンスも、競争優位性を評価する際に役立つ視点の1つになります。たとえば、2社のスタートアップ企業が同じ性能・

値段の電気自動車を販売するケースであれば、A社にはトヨタとのアライアンスがあり、B社にはどの会社ともアライアンスがない場合、「トヨタとのアライアンスがあるから安心・信頼できそうだ」と考えて、A社を選ぶはずです。

このように、**大企業や官公庁などとのアライアンスは、顧客の安心や信頼につながるので、競争を優位に進める要素になります。**

ここまでに紹介した8つの視点のほかにも、知的財産権の有無など競争優位性を評価する際に役立つ視点は多々あります。ビジネスの内容ごとに必要な優位性は変わることにも注意が必要です。

競争優位性を評価するときは、競争優位性＝模倣困難性ということを理解し、スイッチングコストなどの模倣困難性が高いかどうかを見極めるように意識するとよいでしょう。

競争優位性を評価するのに役立つ8つの視点

信用の可視化	顧客からの信用情報（レビュー）を発信しているか
独占コンテンツ	自社が独占して提供できるコンテンツがあるか
データの蓄積	自社で長期間累積されたデータがあるか
コミュニティ	顧客とのコミュニティを形成して、顧客満足度の向上や新規顧客獲得に寄与できているか
ブランディング	企業価値（イメージ）を認識されているか
顧客へ独自チャネル	独自に顧客に直接リーチできるチャネルがあるか
特殊層へのネットワーク	特殊層（有名人など）へのネットワークがあるか
アライアンス	大企業や官公庁などとの提携があるか

3-7

よいアイデアやビジネスモデルでも市場が
なければ、大きな利益を上げることはできません。

アイデアの
市場規模を見極める

市場規模を見極める3つの指標

TAM ← 獲得できる可能性のある**最大の市場規模**

SAM ← 現在、自社で提供可能**な最大の市場規模**

SOM ← 自社が、特定の期間で獲得できる
可能性がある**市場規模**

➡ TAM、SAM、SOMの3つの指標を理解して市場規模を見極める

市場規模とは何か

　市場規模とは、ある特定の業界全体の年間での売上金額を指すこと
が一般的です。**どれだけ優れたビジネスのアイデアやビジネスモデル
であったとしても、市場規模が小さければ多くの利益を獲得するのは
難しく、会社の成長は限定されてしまうでしょう。**そのため、あなた
が働きたい、投資をしたいなどと思っているスタートアップ企業が参
入している市場規模を見極めることは、ビジネスモデルを評価するこ
とと同じくらい大切になります。

市場規模の算出方法は人によってさまざまで、正解はありません。また、算出するためにどの数値を用いるのかも人によって異なります。左図にあるTAM・SAM・SOMの3つの指標を用いて見極める方法はその一例で、多くの企業で使われる方法です。

TAM（Total Addressable Market）

　TAMは、特定の市場で獲得できる可能性のある最大（全体）の市場規模を指します。この可能性には、「将来こうしたことも行いたい」「海外でも展開したい」などの希望も含まれていたり、現在展開していない事業を含んでも問題ありません。

　たとえば、微細藻類ユーグレナを活用した事業を展開しているユーグレナは、ユーグレナ（ミドリムシ）を活用した食品を販売するというアイデアを持って市場に参入しました。創業時の市場規模をTAMで考えた場合は、食品販売の市場規模だけでなく、その後に展開予定だった化粧品事業などの市場規模も含めて評価できます。

SAM（Serviceable Available Market）

　SAMは、実際にターゲットに提供することができる最大の市場規模を指します。TAMはまだ実行できない、将来も含めた最大の市場規模（市場すべて）、SAMは現在展開している事業の市場で100%のシェアを獲得した際の市場規模と考えるとわかりやすいでしょう。

　ユーグレナの創業時のSAMに含まれるのは創業時から提供したサービスであるユーグレナを活用した食品販売市場のみです。化粧品やバイオ燃料事業は、将来に最大限獲得することができる市場規模になるので、TAMになります。

SOM（Serviceable Obtainable Market）

SOMは、特定の期間に実際に獲得できる可能性がある市場規模を指します。3〜5年を特定の期間とすることが多く、現在の競争状況や事業戦略を反映した市場規模になります。

　個人で入手できる情報は限られているので、正確に3つの指標を評価して市場規模を見極めることは簡単ではありません。しかし、政府や業界団体、企業などが公開している情報からその大枠を想像することはできるでしょう。

市場規模のおすすめな計算方法

　市場規模は、「ユーザー数」×「単価」で計算するのがもっとも単純で、大雑把な規模を把握するためにはベストです。ですが、大きな情報ほどノイズが混じっている可能性が高いので、小さな情報を積み上げて計算したほうが精度が高い市場規模を計算できます。

　しかし、計算方法にはそのほかのやり方もあるうえ、どの方法を用いても結局は市場規模の捉え方は人それぞれです。市場規模の計算に正解はないということは心に留めておきましょう。

市場規模の計算方法例

ユーザー数
10万人
×
単価
1万円
＝
市場規模
10億円

市場規模の計算時に留意すべきこと

市場規模の計算をするときは、次の2点に留意しましょう。

1つめは、情報にはノイズが混じっていることがあること。政府や業界団体、民間の調査会社が公表する資料などは、大きな組織や大規模な調査結果をもとにした情報であることが多く、見極めたい市場規模に関係ない情報（ノイズ）を含む可能性が高いのです。また、企業が公表する情報も投資家や顧客向けに情報を操作している可能性もあるので、注意する必要があります。

2つめは、妥協しないことです。たとえば、「TAMが100億円の市場で現在30％ぐらいは提供できているから、SAMは30億、3年以内にはおそらくSAMのシェアの50％は獲得できるそうだからSOMは15億円だな」など、大雑把な数字と雑な予測で計算してはいけません。

市場規模の計算には正解はなく、さらに計算に役立つ情報を入手するのは難しいことですが、大雑把な数字は細かく仕分け、自分の中で計算した根拠を持てることが大事です。

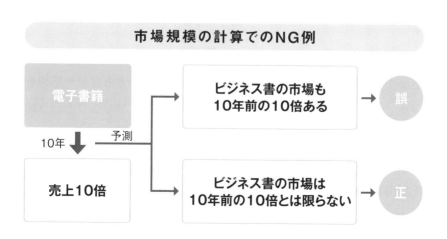

市場規模の計算でのNG例

電子書籍

10年　予測

売上10倍

ビジネス書の市場も
10年前の10倍ある　→　誤

ビジネス書の市場は
10年前の10倍とは限らない　→　正

利用できるサービスは
実際に利用してみる

思い込みは捨てて評価する

　可能であれば、スタートアップ企業が提供するサービスや商品を実際に利用してみましょう。その理由はアメリカの調査会社、CB Insightsが行ったスタートアップ起業家への調査にあります。この調査によると、スタートアップ企業が事業に失敗した原因として「顧客ニーズがなかった」ことを第一位に挙げているようです。

　つまり、**企業が考える「こんなサービス・商品があれば社会課題を解決できるのでは」というアイデアは、その企業の主観が強く入った思い込みの可能性があるということです**。企業が考える課題と顧客の課題が異なることがあります。ですので、企業と顧客のミスマッチに気付くために、実際に利用して評価することが大切になります。

　「サービスや商品を利用しなくても、顧客の評価を調べればいいのでは？」と思う人もいるでしょう。もちろん、顧客から意見や感想を求めてサービス・商品の改良に役立てるユーザーヒアリングという調査方法もあります。スタートアップ企業に限らず多くの企業で実践されている有効な方法ですが、提供を開始したばかりのサービス・商品を利用していくのかの調査に関しては、参考にならないケースがあります。なぜなら、ユーザーヒアリングは、正直な感想を伝えてもらう

ためのものですが、批判的な内容を直接伝えるのは心理的ハードルが高いため本心は違っていても「よかった」「継続して利用したい」などと高評価を口にするケースが多くあるためです。そのような声が混じっている場合、企業と顧客のミスマッチを見抜くことはできません。そのため、自分でサービスや商品を利用して、企業が提供するアイデアやビジネスモデルが課題解決に役立つのかを評価する必要があるのです。

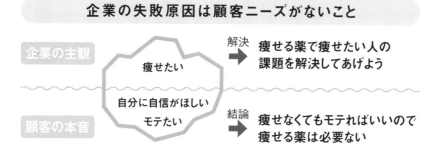

企業の失敗原因は顧客ニーズがないこと

企業の主観　　痩せたい　　解決 → 痩せる薬で痩せたい人の課題を解決してあげよう

顧客の本音　　自分に自信がほしい　モテたい　結論 → 痩せなくてもモテればいいので痩せる薬は必要ない

利用する際は自分の行動を意識する

　サービス・商品を実際に利用して評価する際は、利用後に自分自身がどのような行動をしたのかを意識してみましょう。

　「よかった」「人に紹介したい」と思うのは簡単ですが、実際に行動するのは難しいことです。本当によいと思ったものは、継続的に利用したり人に紹介したりするなど、何らかの行動が伴います。また、そのサービス・商品の利用や購入の対価として、企業が設定している金額は適切なのかも重要な評価ポイント。「企業が求める金額を払ってでも利用を継続したいのか」も、意識するとよいでしょう。

革新的なアイデアでも法整備が整わなければ国内では普及しない

法律は遵守しなければならない

　万が一、法律に違反しているスタートアップ企業で働いたり投資をしてしまっても、社会的責任を問われる可能性は限りなくゼロに近いでしょう。しかし、そのようなスタートアップ企業で働いていたという事実は、キャリアにとってマイナスです。また、投資したスタートアップ企業の経営が法律違反で悪化し、投資資金を回収できない危険もあります。

　これを避けるには、企業のアイデアやビジネスモデルに対し、法律の整備が追い付いているかどうかを確認しておく必要があります。**素晴らしいアイデアやビジネスモデルなのに、今まで誰もやっていない場合は「法律に違反していることが理由かも」と頭の中に入れておき、慎重に評価するようにしましょう。**

　当然ですが、企業は法律を守れば何をしても許されるわけではありません。近年は、法律を守ることに加えて社会的な規範に従ったり公正・公平な業務を行ったりするコンプライアンスが強く求められています。スタートアップ企業のコンプライアンス情報は集めにくいです。そのため、P58で紹介したように入社前に会社訪問をしたりアルバイトとして働くなどして、生の情報を集めるのが重要になります。

企業に求められるコンプライアンス

企業倫理
企業理念・社会的責任など

社会規範
道徳・社会常識など

社内規定
業務規定・
社内ルールなど

法令順守
法律・
政令など

コンプライアンス違反
↓
社会課題の意識欠如
↓
応援（購買）に
値しない企業
↓
企業価値の下落

➡**コンプライアンス遵守は**企業価値維持のために不可欠

企業が法律に対応できるのかを調査する

　法律が制定・改正される前に「どのような方向で議論が進んでいるか」「どのような規制を盛り込んだ法律案が国会に提出されるのか」などを調べるのは、難しいことではありません。

　どう対応するかを広報に問い合わせをしたり、企業から公開されている資料などから調べればよいのです。**その結果、法対応への準備が不足している企業だった場合は、働いたり投資したりするのを見送る必要があるかもしれません。**

　GAFAMなど、大成長を遂げた企業であっても、法律に何度も苦しめられました。しかし、そのたびに政治家への働きかけやビジネスモデルの変更などの行動を起こして乗り越えています。

法改正で悪影響を受けたドローンビジネス

　法改正がアイデアやビジネスモデルに悪影響を及ぼした身近な事例としては、ドローンがあります。

　ドローンが規制された背景の1つが安全性への懸念です。ドローンの規制に関する議論は度々行われ、2015年に起きた首相官邸の屋上で所有者不明のドローンが発見された事件が決定的となり、2016年にドローンの飛行禁止区域の制定を盛り込んだ小型無人機等飛行禁止法が施行されました。その後も、飲酒した状態での操縦の禁止や100g以上のドローンを屋外で飛ばす場合は機体の登録が義務化されるなどの法改正が行われました。

　ドローンビジネスの内容によってはこのような規制の影響を受けて事業の継続が困難となった企業もあったでしょう。しかし、ドローンの国内市場は拡大を続けており、2022年の市場規模は2016年の約10倍となる2000億円と試算されています。花火が打ち上げられない場所でのドローンを使った空中ショー、物流ドライバーの人手不足に対応するための宅配ドローンの開発など、**社会課題の解決を目指して法律とうまく折り合いをつけたアイデアを生み出すことは不可能ではありません**。その理由は、法律が施行されるまでは一定の期間が設けられているうえ、法律を国会で議論・可決する前には有識者会議の開催や関係団体へのアンケートなど、何らかの動きがあるからです。

　施行までにアイデアやビジネスモデルを規制に対応させたり、新たなビジネスをはじめる準備をする時間はあるでしょう。法規制に対応した動きをしているか調査することで、よいスタートアップ企業に巡り合うことができるはずです。

法改正で好影響を受けた事例

法律はビジネスを規制するだけでなく、ビジネス上の規制を緩和することもあります。オンライン診療は、規制緩和の恩恵を受けた事例の1つです。以前は対象外だった受診歴がない人も初診時からのオンライン診療が認められたり、薬剤師からの服薬指導をオンラインで受ければ自宅に薬を配送してもらえるようになりました。

規制緩和の場合も、事前にどう緩和されるのかを調べるときはスタートアップ企業がどのような準備をしているのかを調べるとよいでしょう。ただし、法改正によるビジネスチャンス獲得を狙う企業は多く、スタートアップ企業と競争相手になりそうな企業もしっかりと調べて優位性の有無を確認する必要があります。

また、EUのAI規制法のように、海外の法改正が大きな影響を与える可能性もあります。アメリカ、EU、中国など、経済規模が大きな国や地域の法改正の動きにも注目しておくとよいでしょう。

ビジネスの規制緩和の事例

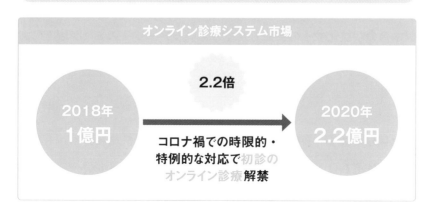

オンライン診療システム市場

2.2倍

2018年
1億円

2020年
2.2億円

コロナ禍での時限的・特例的な対応で初診のオンライン診療解禁

どこから資金が
出ているのかを調査する

資金調達の方法は主に2種類

企業の資金調達には、返済義務がある銀行からの借入金と、株と引き換えに投資家から資金を得る2つの方法があります。

資金調達の方法は企業のアイデアやビジネスモデルの評価とは直接的な関係はないものの、スタートアップ企業がどこから資金を調達しているのかを調べることで、企業の成長ステージなどがわかることもあります。

たとえば、シードステージ以下のスタートアップ企業の主な資金調達先は日本政策金融公庫になります。企業が資金調達をする際の代表的な調達先とされる銀行やVCからの調達はほとんどありません。そのため、銀行やVCから融資を受けているスタートアップ企業は、ビジネスの収益化やその見通しができているアーリーステージ以上にあると判断する1つの材料となります。

スタートアップの資金調達方法の主流は株式

アーリーステージまで資金調達をせずにたどり着けるスタートアップ企業はそれほど多くありません。そのため、スタートアップ全体の資金調達の主流は、株式と引き換えに投資家から資金を調達する方法

になっています。

　スタートアップ企業に投資をする代表的な投資家が個人投資家とVCです。ここでいう個人投資家とは、起業間もない企業に投資をするエンジェル投資家のことを指します。彼らの専門性は高いので、**「なぜこのスタートアップ企業に投資しているのか」を調べることでその企業のアイデアやビジネスモデルを評価する際の参考になるでしょう。**

　また、投資家は経営者の一人として直接、経営に参加したり豊富なコネクションや経験を活かして情報の提供や支援などをする場合もあるので、資金以外にも投資家がスタートアップ企業にどのような支援をしているのかを調べてみるのもいいでしょう。

　ほかにも、スタートアップの資金調達の方法として、国や地方自治体に補助金や助成金を申請したりクラウドファンディングをするなどがあります。スタートアップの資金調達を調べる際は、「当面の事業資金が必要だから」「事業拡大のために設備を購入する」など、なぜ資金を調達する必要があるのかも調べることが重要です。そうすることで、現在の経営状況や今後の事業戦略も見えてくるでしょう。

ステージごとの主な資金調達先

シード	アーリー	ミドル	レイター
・個人投資家 ・VC ・クラウドファンディング ・公的機関（補助金・助成金）	・個人投資家 ・VC ・公的機関（補助金・助成金）	・銀行 ・VC ・公的機関（補助金・助成金）	・銀行 ・VC ・公的機関（補助金・助成金）
百万〜数千万程度	数千万程度	数千万〜数十億程度	数億〜数千億程度

スタートアップで
生き残れる人

P68の本文中にあるように、失敗した場合でも、周囲には誠実に対応することが大切です。それができていれば再挑戦の際にまた支援してもらえる可能性があるということですが、さらに別の効果も期待できます。それは、自分の悪評が広まらないようにする効果です。

スタートアップの界隈は世間が狭く、好評も悪評も意外と広がりやすいのです。成功しても失敗しても、不誠実な態度の人はすぐに悪評が広まってしまい、逆もまた真なりといえます。

もう1つ、スタートアップの世界で大切なことは、できる範囲で周囲を助けることです。投資家や協力者など、恩を受けた人に恩を返すことはもちろん必要ですが、自分の受けたような恩恵を、見返りを求めずに可能な範囲でほかの人にも与えてあげましょう。

このような考え方は、英語では「Pay it forward（ペイフォワード）」と呼ばれます。無理矢理日本語に訳すなら、「恩返し」ならぬ「恩送り」となるでしょうか。この考え方を実践していると、巡り巡って自分に恩恵が返ってくることも少なくありません。先述の通りスタートアップの世界は意外と狭いので、なおさらなのです。

スタートアップに限った話ではありませんが、ある意味「人柄をよくすること」が最終的に自分の身を助ける可能性があるというのが社会というものなのです。

4章

現在、参考にすべきスタートアップのビジネスモデル

現在の日本のスタートアップで注目されている企業の起業ストーリーや成長までのヒストリー、考え方などを、そのビジネスモデルとともに学んでいきましょう。

マザーハウス

ミッションは発展途上国の可能性を世の中に伝えること

Company DATA

代表取締役	山口 絵理子
設立年	2006年
ビジネスモデル	発展途上国の職人の技術・素材の可能性を信じて、自社工場でバッグや小物を製造して、先進国で販売する。
主要サービス	バッグや小物、ジュエリーなどのアパレル商品の製造・販売。お客さまが購入した商品のケア・修理も行う。
社会課題	途上国から世界に通用するブランドをつくり、途上国の人・モノが持つ可能性を世界に証明する。
企業理念	途上国から世界に通用するブランドをつくる

MOTHERHOUSE

監修者コメント

そのストーリーやビジョンなどから絶大なる支持を得ている同社。社会課題に対して、確かな価値を提供することで、解決を図る。すでに一定の地位を確立しているので、さらなる飛躍に期待。

可能性を信じることからはじまった

マザーハウスは、発展途上国で製造したアパレル製品を先進国で販売するというコンセプトで設立されたスタートアップ企業です。そのきっかけは、マザーハウスの代表取締役兼チーフデザイナーとなる山口絵理子氏が当時、アジアでもっとも貧しい国の1つといわれるバングラデシュに渡航した経験にありました。街にストリートチルドレン

があふれるバングラデシュの状況に驚いた山口氏は、寄付などではない形での支援ができないかと考えたのです。そこで着目したのが、バングラデシュで生産されているジュートという麻素材（コーヒーの麻袋などに用いられている）でした。山口氏はまず、ジュートを用いたバッグを作りはじめます。とはいえ最初は資金もなく、わずかなお金を握りしめて、バッグを作ってもらえそうな工場を訪ねて回る……という苦労の日々が続いたそうです。なぜ山口氏はそのような苦労をしてまで、活動したのでしょうか？

　その根底には、現地の人々の可能性を信じるという山口氏の想いがありました。マザーハウスの事業はビジネスとして儲けようというのでもなく、また現地の人たちを「かわいそうだから助けよう」ということでもなく、「現地の人々と一緒に何かできないか、何かをやってみよう」というところからスタートしているのです。

　マザーハウスが活動をはじめた当時、周囲の人たちからは「発展途上国を助けるのなら、寄付などの援助でいいのではないか」「ものを作るなら中国がよいのでは？」などといわれることが多かったといいます。また、「国際協力をネタにしてビジネスをやっている」といった中傷めいた声も少なからずあったそうです。

自社工場の建設がビジネスとしての起点

　副社長の山崎大祐氏は、マザーハウスの活動をビジネスとして意識するようになったきっかけの1つが、自社工場の建設だったといいます。自社工場の建設に伴い従業員も増えたことで、「製品をきちんと売らなければならない」というビジネスとしての自覚や覚悟が強まったのだといいます。

もう1つのきっかけは、2008年に小田急百貨店・新宿店に出店したことです。マザーハウスの活動に賛同した小田急百貨店から国内外のバッグブランドがそろうよい立地のテナントを用意してもらったのにも関わらず、初年度の売上は悲惨なものでした。「想いだけではお客さまから選ばれない」「お客さまに選ばれるには本当によい商品を作らなければならない」ということを改めて意識させられたといいます。

マザーハウスは、自社で製造から販売までをすべて手がける「製造小売り」（垂直統合モデル）のビジネスモデルを採用しています。自社で生産するため、工場の維持費や人件費、原材料の仕入れの手間がかかるなどのデメリットがあるため、ほかのアパレル会社がこのモデルを採用するケースは多くありません。

しかし、このモデルには「お客さまの声をすぐに商品に反映できる」のがメリット。他社に製造を委託する場合、商品の仕様変更（生産ラインの修正）をすぐにしてもらうのは難しいですが、自社生産であれば対応することができるという点を強みとしたのです。

マザーハウスが採用した製造小売りのビジネスモデル

| | 共同開発・発注 | 製造小売り（マザーハウス） | 給料 | |

共同開発・発注

製造小売り
（マザーハウス）

給料

原材料メーカー ← 支払 / 納品 → 工場

雇用 / 労働力提供 → 従業員

商品の配送

意見・要望

実店舗 ← 販売 / 支払 → 顧客

ストーリー性が競争優位性となっている

　スタートアップには「競争優位性」が不可欠です。山崎氏は、**創業の経緯や、創業の原点となった想いまでを含めた物語が、顧客にアピールできるという「ストーリー性」を、マザーハウスの圧倒的な競争優位性の1つであると認めています。**

　また、日本では希少な女性起業家としての山口氏の存在もポイントの1つ。2人は今も海外を飛び回る現場主義を貫いており、そこから得られるユニークな経験もストーリー性に一役買っています。もちろん、それだけで商品が売れることはありません。マザーハウスでは、品質との両立、そして販売力の強化も重視されています。

　会社が大きくなれば各社員の分業・専門化が進むのが普通ですが、スタートアップでは一人の社員がいろいろな業務を担うことは珍しくありません。社員が増えて大きくなった現在のマザーハウスでも、縦割りやタコツボ化した組織ではなく、すべての社員が創業の想いを共有できることを大切にしています。これも、マザーハウスの競争優位性の1つだといえるでしょう。

国内外で多大な貢献を果たすマザーハウス

　マザーハウスのバングラデシュ工場は、給与や福利厚生が優れていることで現地では有名です。**現在ではマザーハウスの待遇が周囲のほかの工場のロールモデルとされるようになり、バングラデシュの労働環境の改善に大きく寄与しました。**また、マザーハウスの製品は、バングラデシュから輸出される商品として現在もっとも高価格帯であり、経済的にも大きく貢献しています。

マザーハウスの活動は、バングラデシュだけではなくネパールやインド、インドネシア、スリランカなどにも広がっています。現地の衰退している伝統工芸の技術や伝統的な素材を自社製品に活用する事業を進め、文化保護の面でも大きな貢献を果たしているのです。

日本国内では、各店舗の店長が地域の学校で発展途上国の可能性を語る講演会を無償で実施。さらに各地域の店舗——名古屋の店舗では常滑焼のタイルや京都の店舗では北山杉など——では、地元産のものを用いるなど地元の文化継承も意識しています。

苦しくても行動して東日本大震災の危機を乗り切る

マザーハウスが大きな危機を迎えたのは、東日本大震災のとき。計画停電で店舗が開けなくなって約8割も売上が減少するなど、ほかの物販と同様に大きな影響が出ました。

震災の日は台湾での初催事の日でもあり、経営が難しくなると判断した山崎氏は即刻台湾に飛びました。到着後すぐに主催者に直談判して催事期間を延長し、台湾への初出店も決定して帰国。そして、4月には震災復興のチャリティーバッグ発売も行いました。

「どんなに苦しくても、行動して多くの危機を乗り切ってきた」と山崎氏は振り返ります。東日本大震災の経験は、コロナ禍にも活かされ、多くの企業が従業員を解雇したりや給与レベルを下げた中、マザーハウスは雇用も給与レベルも維持したといいます。

やったことが社会につながる魅力がある

山崎氏は、**スタートアップの魅力を「スピード感」「やったことが社会とつながること」**だといいます。実際、自社のお客さまから回

収したバッグや製造時に出るレザーの端材を利用した製品「RINNE」シリーズをコロナ禍にスタートし、限りある資源を活用する姿勢を示したことで、お客さまやメディアからの反響がとても大きく、社会に求められる取り組みであると改めて感じたそうです。

このように、スタートアップでは自分たちの仕事がどのように社会に受け止められれているのかを体感しやすいのです。

回収バッグ・端材を再利用して誕生する「RINNE」シリーズ

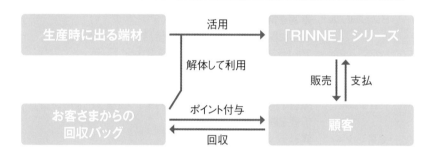

一人のお客さまの声から広がる未来

「一人のお客さまの声の後ろに、同じように思っている多くのお客さまの声が隠れている、その可能性に着目すべき」と語る山崎氏ですが、さらに世代間の感覚の差が大きくなっている時代にあわせて、いろいろな世代の声を聞くことも重要視しています。そのため、学生や高齢者など、自身と異なる世代と交流できる場はとても貴重だと考えているのです。ネットや机上のデータからは決して得られない生の声を未来に活かすために「現場に行くこと」という信念を持ち、同社の両代表は今も世界を飛び回っています。

COMPANY -02- ヘラルボニー

「福祉×アート×ビジネス」で人々の意識を変える

Company DATA

代表者	松田 崇弥 松田 文登
設立年	2018年
ビジネスモデル	障害を持つアート作家とアートデータ利用に関するライセンス契約を締結し、パートナー企業にアートデータを使用した企画の提案などを行う。
主要サービス	ライセンス契約を結ぶ作家のアートデータを利用した企画提案。
社会課題	障害を持つ人に対する社会的バイアスを変え、新しい価値観を創出する。
企業ミッション	異彩を、放て。

監修者コメント

「異彩を、放て。」と謳うアートエージェンシー。社会課題に真っ向から挑むその姿勢は、多くの人々の心を打つ。さまざまな企業を巻き込んでいくその流れはもう誰にも止められない。

障害者の社会的バイアスを変えていきたい

　障害のあるアーティストとライセンス契約を結び、作品の事業化を展開しているヘラルボニー社は、松田崇弥・文登氏の双子の兄弟によって創業されました。**同社が創業した背景には、障害のある人に対する社会的バイアス（認知）を変えたいという兄弟の思いがあります。**

　両氏には、4歳上の兄・松田翔太氏がいます。翔太氏は重度の知的

障害をともなう自閉症です。そのことで、親戚から同情されることも多々ありましたが、「兄貴は普通に笑ったり、泣いたり、喜んだりしているのに」という反感や違和感があったといいます。

そのような思いがあった中、創業のきっかけとなったのが、崇弥氏が岩手県花巻市の「るんびにぃ美術館」を訪れたことです。この美術館は、障害のある人のアート作品を展示していましたが、崇弥氏は展示されている作品を見て大きな衝撃を受けました。

当時、崇弥氏は「くまモン」の生みの親である小山薫堂氏が代表を務める会社に勤めており、くまモンが生み出すIPビジネスの経済効果を目の当たりにしていました。「障害のある人のアートとくまモンのようなIPビジネスを組み合わせれば障害＝欠落という価値観を変えられるのではないか」というそんな思いを抱いたことが、創業へとつながったのです。

異彩作家を納期に縛らせないビジネスモデル

アート作品事業の既存のビジネスモデルは、個展を開催して作品を売るのが一般的です。つまり、個展開催日までに作品を完成させる必要があります。

しかし、障害のある方が納期に縛られる創作活動をするのは非常に難しいことです。それは、彼らは気分が乗れば1か月で作品を完成させるポテンシャルを持っていても、気分が乗らなければ1年以上作品を作れないこともあるからです。

彼らが納期に縛られずに創作活動ができる方法として考えついたのが、ライセンス料を作家に支払い、作品の使用許諾を受け、自社ビジネスに活用する仕組みである「ライセンス契約」でした。

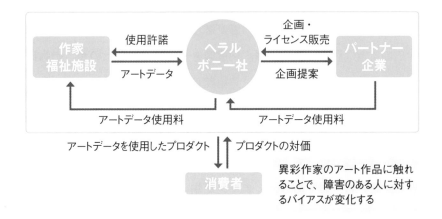

ライセンス契約のビジネスモデル

異彩作家のアート作品に触れることで、障害のある人に対するバイアスが変化する

ビジネスとして展開していることが競争優位性

　文登氏は、同社が株式会社の形態で、**ビジネスとして障害のある作家のライセンス事業に挑戦していることが、同社の革新性だ**といいます。

　同社がライセンス事業をはじめる前にもアートに特化した非営利の福祉施設などは多々あり、そこで障害のある作家の作品を展示したり、作品を2次利用してTシャツやマグカップなどを作る試みは行われてきました。

　しかし、同社のように株式会社として実施するところはなく、「ビジネスとしてライセンス事業を展開している」ことが既存の非営利でのライセンス事業との大きな差別化要素になっているのです。

　また、ヘラルボニー社のようにビジネスとして今後、障害のある人のアートのライセンス事業に参入してくる競合企業が出ていた場合でも、兄の翔太氏に由来する障害＝欠落というバイアスを変えていきたいという、同社の創業ストーリーが競争優位性になります。

ライセンス契約を結ぶには、作家の同意を得るのはもちろん、作家の生活をサポートする家族や福祉施設の理解・協力が不可欠です。もし、他社とライセンス契約を結ぶ交渉が競合しても、同社の創業のストーリー性は作家の家族や福祉施設から共感を得ることができ、交渉を優位に進めることができるでしょう。

ビジネスでは利益を出すことが重要ですが、同社のような創業のストーリー性が必要となり、武器になることがあるのです。

ブランド価値を高めていくことが重要

アート作品事業にとって、ギャラリーが持つブランド力は非常に重要です。それは、同じ作家の同じ作品でも展示されているギャラリーによって作品の販売金額が異なってしまう世界であるから。**ヘラルボニー社では、自社のブランドがどのように周囲から認知されているのかを非常に重視してます。**

同社は障害のある作家のアートをビジネスとして展開していますが、SDGsなどの社会貢献の一環と誤解を受けることもあります。文登氏は「そのような価値観を変えていかなければならない」と語ります。社会貢献という価値観に当てはめるために作品の価値が歪められ、正当な評価を受けられないということがあってはならないからです。

現在、同社が保有するアートデータを利用したいという問い合わせは数多くありますが、ブランド価値を重視するため半分以上の問い合わせを断っているといいます。使用目的やアートデータが使用された際に世間からどのように認知されるのかなどを考慮して、パートナー企業を選定しているためです。同社のブランド価値が向上し、作家に還元される収益を増やすためにも、この姿勢は変わりません。

異彩の力で地域の活性化に取り組む

ヘラルボニー社は岩手県盛岡市に本社を置いていますが、「岩手から異彩を放て。」と銘打った岩手県内での活動を積極的に行っています。たとえば、常設ショップの設置やヘラルボニー社がライセンス契約するアート作品を電車やバスにラッピングするなどです。これらの活動は、自社や異彩作家のPRになるだけでなく、地域経済にも貢献しています。

4章で紹介する企業では唯一、東京以外に本社を置くヘラルボニー社。**障害のある人に対する社会的バイアスを変えるだけでなく、地域経済の発展にも大きな貢献を果たすことでしょう。**

「岩手から異彩を放て。」の主な取り組み

HERALBONY GALLERY	HERALBONY SHOP	HOTEL MAZARIUM
世の中のさまざまな障壁を取り除く場所となることを目指し、ギャラリーを開設	異彩作家のアートデータを使用した衣服などを販売する店舗を百貨店にオープン	「るんびいに美術館」に在籍する異彩作家8名の作品でホテルの客室を彩る

異彩の感謝祭	異彩×スポーツ	異彩×商品開発
HOTEL MAZARIUM に異彩作家やその家族、福祉関係者を招待	県内のプロバスケチームと異彩作家のアートデータを使用した限定ロゴなどを開発	県内のメーカと、異彩作家のアートデータを使用した商品パッケージなどを開発

「障害＝欠落」という価値観を変えるだけでなく、
岩手県の経済や文化の発展にも貢献

人間的なコミュニケーション能力も求められる

　文登氏は、**ヘラルボニー社を「営利と非営利を行き来している会社」だと評しています**。それは異彩作家という特殊性も関係しています。一般の企業でも相手との信頼関係を構築することは大切ですが、同社ではさらに重要。ビジネスとして異彩作家やその家族、福祉施設関係者とのコミュニケーション能力は必須であり、それ以上に「人間として同じ視線でコミュニケーションをとれる人材」を同社では求めているといいます。

異彩者の活躍の場をさらに提供することを目指す

　ヘラルボニー社は、アート以外の才能やスキルを持つ異彩者たちの活躍の場も提供していく構想を抱いています。たとえば、障害のある人の就業を支援する「ビズリーチ」のようなサービスやパラリンピックを目指すアスリートの後押しといったことです。

　とはいえ、そのための人材を急激に増やす予定はありません。それは、社員を雇用するのは会社にとってリスクを伴う行動となり、売上や利益が目標に届かなければ、会社や株主だけでなく、社員にとってもいいことにはならないからです。コロナの影響で売上がなくなり、社員を出向させるなどした企業のニュースを見た人も多いでしょう。

　文登氏は、事業がうまくいかなかったからといって、社員に退職などを迫ることはしたくないといいます。そのため、採用は少人数に留めているのです。「異彩を、放て。」に基づく同社の取り組みは、障害のある人に対する社会的バイアスの変化を引き起こしつつあります。誰もが活躍することができる社会が実現するまで、その歩みは続きます。

アイカサ

「使い捨て傘ゼロ」でユーザー・環境両方に優しい社会を実現する

Company DATA

🌂
アイカサ

代表取締役	丸川 照司
設立年	2018年
ビジネスモデル	突発的な雨の日に傘を購入せずに済むように、いつでもどこでも借りて返却できる、傘のシェアリングサービスを展開
主要サービス	傘のシェアリングサービスに加えて、貸し出す傘に広告を掲載したり雨の日クーポンをユーザに配布する。
社会課題	シェアの力で年間8000万本を超える傘廃棄をゼロにして、環境に優しい社会を実現する。
企業ミッション	雨の日を快適にハッピーに

監修者コメント

放置ビニール傘という社会問題に利便性を持って解決を図る同社。そのスキームが一定の成果を収めることができれば、Z世代の起業家の後押しとなることは間違いありません。

「傘の困りごとを解決する」 が発想の原点

　傘のシェアリングサービス「アイカサ」を全国展開している株式会社Nature Innovation Group。ほかの企業や自治体と連携しながら、「使い捨て傘ゼロ」を目指して傘のシェアリングサービスを行っています。「使い捨て傘（ビニール傘）の大量消費」という社会問題を解決するビジネスは、どのようにして生まれたのでしょうか?

アイカサは日本初の本格的な傘のシェアリングサービスで、2018年12月にローンチしました。サービスの構想はその1年前ぐらい前からで、当時中国での自転車や傘のシェアリングサービスなどが話題となっていたことがその背景にあったといいます。

中国のサービスでは大半の傘が盗まれたという報道がされましたが、共同創業者である取締役CMOの黒須健氏は「このサービスはうまく行く」という読みがあったと語ります。

「傘のシェアリング自体に問題はなく、必要なのは傘が盗まれないしっかりとした仕組み」だと考えたのです。

ユーザーが傘をきちんと返済する仕組みとして、日本で普及したレンタルDVDと同様の「1日ごとに料金が発生し、傘を返却しないと課金が続く」という料金モデルを導入。サービスを利用するにはクレジットカード登録を必要とすることで、盗難——いわゆる「借りパク」——を防ぐことを目指しました。

こうした仕組みは目論見通りに機能し、現在も継続しています。

王道を外したアイカサのビジネスモデル

アイカサの傘のシェアリングサービスは、傘という「安価なもの」をシェアしている点が特徴です。シェアリングサービスでは自動車や高級ブランドのアパレルなど、「買いたいけれど、高くて手が出せない」というものを扱うことが多いのに対して、傘はビニール傘などが安価に手に入ります。

すぐに買える安いものをシェアするサービスは流行らない、という懸念もありましたが、「傘は買えるけれど所持したいのではなく、雨が降った際に一時的に使えればいいと考える人が多い」と分析し、「一

時的に使える傘」に需要はあると判断したとのです。

　スタート時の発想は「傘を持ち歩くのは不便だからどうにかしたい」という問題解決だけで、シェアリングサービスに行き着くとは考えていなかったそうです。この課題が「使い捨て傘の削減」という社会課題の解決につながって生まれたのが同サービス。2030年のSDGs達成期限までに「使い捨て傘ゼロ」を目指しています。

　「使い捨て傘ゼロ」のために、傘の品質にもこだわっているアイカサ。すぐに壊れて廃棄されてしまっては持続可能性がないので、OEMで品質のよいものを製造しました。スタート後もどんどんアップデートされ、現在では部品が壊れても修理できるタイプのものになっています。耐用年数は5年程度で、通常のビニール傘の使用期間よりもはるかに長い耐用年数です。

　ほかにも、「低価格で普段よりも質のよい傘を利用できる」という点もユーザーから支持される理由となっています。

アイカサのビジネスモデル

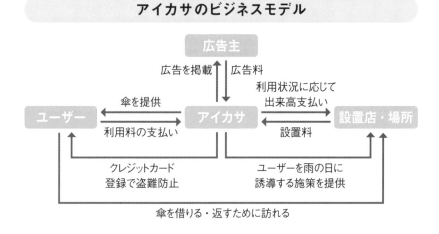

ファーストペンギンを探すのに苦労

アイカサの基本的な仕組みは、以下の通りです。

・駅や店舗などに「アイカサスポット」を設置し、傘を用意。

・会員登録したユーザーがスマホを使ってQRコードをスキャンし、スタンドから傘を取り出してレンタル（24時間で利用料金140円）。

・借りたスポット以外のスポットでも傘の返却が可能。

つまり、「いつでもどこでも傘を借りられ、返却できる」というサービスです。ユーザーは、傘を持ち歩かずに済むというメリットがあります。一方、スポットを設置する店舗にもメリットがあります。客足が遠のきがちな雨の日でも、アイカサユーザーが店に立ち寄るきっかけが作られるのです。

設置店舗にも十分なメリットがあるサービスですが、「初期の設置場所の導入には苦労した」と黒須氏は語ります。立ち上げ時は先行事例がないため、飛び込み営業をしてもメリットを理解してもらえなかったためです。これは、既存の市場がないスタートアップ特有の苦労といえるでしょう。こうした問題は、設置場所や会社ごとのメリットをアピールして1つずつ乗り越えていきました。

置き忘れの傘の処分に困っている駅には、アイカサスポットの設置でソリューションを提供できるという形でアピールし、SDGsの取り組みを検討している企業には「スポット設置だけでSDGsへの貢献になる」という点をアピールして協力を取り付けていったのです。

サービスが定着していくと、ほかの企業が類似サービスをはじめました。しかし、他社に対する競争優位性を有しているアイカサは変わらずにトップシェアを確保しています。この理由が、圧倒的なネット

ワーク効果。**ユーザーの利便性（傘をどこでも借りられる・返せる）は、スポットの設置数に比例して向上するため、スポットを確保した先行者が有利となるビジネスモデルになっているからです。**

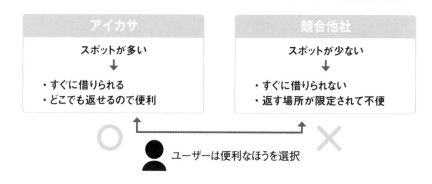

アイカサの競争優位性

アイカサ	競合他社
スポットが多い ↓ ・すぐに借りられる ・どこでも返せるので便利	スポットが少ない ↓ ・すぐに借りられない ・返す場所が限定されて不便

ユーザーは便利なほうを選択

自治体とともに地域を盛り上げるアイカサ

アイカサは自治体との連携も行っています。池袋では現在アイカサを大々的に展開していますが、2021年には豊島区、株式会社ヘラルボニー、JTとの合同プロジェクトも実施しました。このプロジェクトで、池袋エリアを中心にアーティストの小林覚氏によるオリジナルデザインの傘をアイカサに設置したのです。

東京都の港区でも連携が行われました。区役所などにアイカサのスポットを設置し、港区のブランドを発信するためのシティプロモーションシンボルマークを活用したオリジナルデザインの傘を置いたのです。こういった**自治体との連携は地域を盛り上げることや、地域のブランドや情報の発信にもつながります。**

自分の軸が形成されていくのが魅力

スタートアップで働く魅力の1つに、黒須氏は「成長できるところ」を挙げます。スタートアップはほかの企業と比べて、自分が起こした行動に対して結果が出るのが早いという特徴があります。そのため自分の行動が失敗したとしても、その原因が早くフィードバックされ、再挑戦できる環境が、成長につながりやすいと考えているのです。行動・結果・失敗・再挑戦などを通じて自分の軸を構成することは、キャリアの形成に役立ちます。

SDGsを追い風にパートナーとともに成長を目指す

アイカサは2020年には環境省と連携し、熱中症警戒アラートが発表された日にはサービスが無料で利用できるという試みを実施しています。**環境省とのアライアンスは、ユーザーやアイカサと連携する企業に安心感を持ってもらえる一助になりました。**

「使い捨て傘ゼロ」を目指す運動の認知度を高めるための活動をパートナー企業と一緒に行うこともあります。旭化成ホームプロダクツ株式会社との連携では、ジップロックをリサイクルしてオリジナルの傘を製作しました。この活動は、メディアに多数取り上げられ運動の認知度を上げることに役立ちました。このようにアイカサとの連携はパートナー企業にとってもSDGsへの取り組みとして社会に発信することができるというメリットがあります。アイカサの認知度を高めるだけでなくパートナー企業にもメリットがある形なので、今後もさらにパートナー企業を増やしより便利なサービスになっていくことが期待できます。

タスカジ

「家事時間ゼロ」を目指し、家事と仕事の両立に貢献する

Company DATA

代表取締役	和田 幸子
設立年	2013年
ビジネスモデル	家事スキルを提供したい人、提供してもらいたい人をつなげるマッチングプラットフォームを展開して、家庭の家事時間ゼロを目指す。
主要サービス	料理や掃除、整理収納など幅広い家事分野の代行を依頼できる家事代行マッチングサービス「タスカジ」を運営。
社会課題	家事代行という家事文化を作り、家事時間ゼロを実現し、誰もが自分の人生を輝かせることを諦めない社会を実現する。
企業ミッション	世界の家事をゼロにする

タスカジ
TASKAJI housekeeping

監修者コメント

ハウスキーパーという観点から家庭を支える同社。競争優位性は十分に確立しており、あとはスケールを進めるのみ。女性起業家の旗振り役として、今後も大きく注目。

仕事と家庭を両立させたい思いから生まれた

家事を代行してほしい人とスキルを活かして家事を仕事にしたい人をつなげるマッチングプラットフォーム「タスカジ」を運営するタスカジ。**膨大な量の家事に悩まされている人たちの問題を解決するタスカジは、代表取締役である和田幸子氏自身が家事と仕事の両立で悩んだ経験から生まれました。**

和田氏は、元々は有名企業で勤務するシステムエンジニアでした。育児休暇から復帰してフルタイムで働き、そこで家事と仕事の両立の大変さを痛感。夫との家事分担はうまくできていたものの、子育てと仕事をしながらでは二人でこなせる家事量を超えてしまい限界を感じたというのです。家事代行サービスの利用も検討しましたが、料金が高く、日常的に活用するには負担が重く断念。そんなとき、当時通っていた英会話教室でニュージーランド人の講師から「海外では、個人と個人の取引でリーズナブルに家事代行サービスを利用できる」と教えられました。

　自身の経験と海外の事例をきっかけに、和田氏は「シェアリングエコノミーを使えば、日本でも家事代行サービスがリーズナブルに使えるようになる」「自身と同じように、家事と仕事の両立に悩んでいる人たちの問題を解決できる」と考えたのです。

既存の家事代行業者と異なるビジネスモデル

　タスカジが手がけるのは、シェアリングエコノミーの中でも「スキルシェア」と呼ばれるタイプのサービスです。

　既存の家事代行はサービスの提供をしている主体は業者で、業者が雇用したハウスキーパーをユーザーに派遣します。つまり、スキルではなく人材の派遣です。業者はどのハウスキーパーでもサービスの品質は同じであるという保証をしています。そのため業者にはハウスキーパーの教育などの管理コストが発生し、ユーザーが支払う料金が高くなります。

　スキルシェアでは、スキルを持つ人が自分の空いている時間にそのスキルを誰かに提供します。タスカジのようにスキルシェアのマッチ

ングサービスでは、サービスを提供する主体は個人事業主(ハウスキーパー) です。そのため、ハウスキーパーによってサービスの内容や質は変わってきますが、ユーザーは自分のニーズに合致したハウスキーパーを選べば、非常に満足度の高い結果を得ることができます。

　また、業者のような管理コストが発生しないため、料金がリーズナブルになるというメリットもあります。

　マッチングサービスのためハウスキーパーのスキルに関する品質責任はありませんが、タスカジでは依頼したユーザーが品質を評価する仕組みを用意。これを見てユーザーはハウスキーパーを選択でき、ハウスキーパーも質の向上を意識します。これは、依頼主のレビュー内容がほかのユーザーが依頼する際に参考となるため。結果として、依頼主の満足度を高めるために家事スキルの向上に努めるといういい循環につながっています。

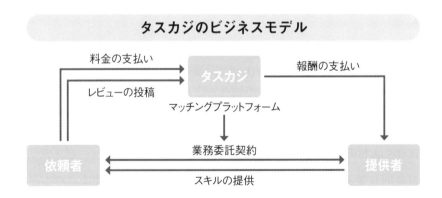

タスカジのビジネスモデル

料金の支払い → タスカジ ← 報酬の支払い

レビューの投稿

マッチングプラットフォーム

依頼者 ← 業務委託契約 → 提供者

スキルの提供

安心・安全な取り組みで競争優位性を築く

　和田氏は、**タスカジが料金を抑えながらサービスを伸ばすことに関**

して、安心安全のための徹底した管理方法を挙げます。

　家事代行では密室でユーザーとハウスキーパーが1対1となることも珍しくありません。そこでハウスキーパーが安心安全に働けることと、ユーザーが安心安全にサービスを受けられることが大事です。

　そのため、サービス利用にあたっては、ユーザーとハウスキーパーの双方に身分証の登録を義務化し身元を明らかにしています。また、ハウスキーパーは「ユーザー登録の身分証に記載された住所にしか訪問しない」というルールを定め、ユーザーの身分証の住所と訪問先の住所が合っているかの確認作業も行ったうえでマッチングが成立します。こうした仕組みによって、ユーザーとハウスキーパーの双方に安心安全を担保しているのです。

　ユーザーとハウスキーパーがプラットフォーム上で行うやり取りも、犯罪につながるような内容がないかを定期的にチェックすることも、安心安全の取り組みの一例です。また、ユーザーコミュニティも安心安全のために役立てています。「この人の行動が心配」というケースの情報を収集するデータベースを作り、ほかのユーザーからも何度も投稿された場合には、その人物のアカウントを一旦停止して状況を確認する仕組みとしているのです。

　そのほかにも、「タスカジさんの選考プロセス」を設けて、新たに登録するハウスキーパーがサービスを行うにあたり、一定レベルのスキル・ビジネスマナーといった適正を保有しているかを確認します。

　和田氏は、「サービスに関わるプラットフォーム、ユーザー、ハウスキーパーの3者全員が安心安全を意識することが重要」と語ります。そのため、3者が安心安全という価値観を共有して、全員でサービスをよくしていくための仕組みが作られているのです。

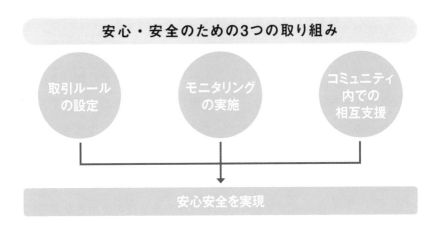

地方にも家事代行を利用するライフスタイルの定着

　タスカジは首都圏だけでなく、地方にもサービス対応地域を広げています。2024年4月現在では、秋田県湯沢市、奈良県生駒市と連携協定を締結。これらの地方での展開は、自治体と協力して行っています（滋賀県大津市との連携協定の実績あり）。

　地方ではユーザーとハウスキーパーの両方の登録者数が少ないため、まずは両方をバランスよく増やす取り組みが大切です。そのための取り組みとして、市長と和田氏との対談によって家事代行のPRをしたり、料理や家事教室を実施してハウスキーパーを育成しています。

　また、利用者を増やすために、保育園でタスカジの説明会を開催したり、母子手帳の窓口でパンフレットを配布、ふるさと納税の返礼品にタスカジの利用券を入れたりするなどを行っています。

　タスカジがサービスを浸透させるためには、家事代行を利用するというライフスタイルを定着させる必要があります。関東の展開では多数のメディア取材をきっかけに広がってきましたが、地方では自治体

と一緒に行っているのです。このように、地域の実情を踏まえてビジネスを展開することはとても重要です。

スタートアップで働く魅力

スタートアップで働く魅力は「まず何よりも、すごく楽しいこと」と断言している和田氏。自分がやった仕事に対する成果を、会社やサービスの成長、顧客の喜びといった形でダイレクトに見ることができ、仕事の手応えを感じられる点が魅力だといいます。

最終意思決定者のそばで働けるというのも、スタートアップの規模が小さいときにしかできない貴重な経験と挙げています。どういうことを考え、悩み、どういう哲学で判断したのかを学べるからです。

「何も決まっていないところに自分の仮説を作ってぶつかることも多いので、そういったことにワクワクするタイプがスタートアップに向いている」と和田氏は語りました。

家事時間ゼロにする取り組みはこれからが本番

タスカジでは、これまで蓄積された家事に関する知見やデータを活用して企業の新規事業の企画や新商品の開発などに役立てる「タスカジ研究所」というサービスも実施しています。

タスカジはほかの家事代行業者よりもサービスの幅が広いため、集まってくるデータも幅広く、そうしたデータを活用した次の事業の展開も考えていると和田氏は語ります。また、タスカジが取り組む「世界の家事をゼロにする」というミッションは現在の人が介在する家事代行マッチングサービスだけでは達成が難しいものであり、「そのためのサービスも手がけたい」と次の展開も見据えています。

アソビュー

衣食住に遊びを加えてより豊かな人生を送れる社会を実現する

代表執行役員CEO	山野 智久
設立年	2011年
ビジネスモデル	遊びの予約サービス「アソビュー！」を運営し、遊びの情報がほしいゲストとゲストに利用してもらいたい事業者を結びつける。
主要サービス	遊びの予約サービス「アソビュー！」、レジャー業界向けDX推進事業。
社会課題	「アソビュー！」などを通じ、遊びに関する困りごとを解決して余暇時間の充実に貢献する。
企業ミッション	生きるに、遊びを。

asoview!♥

監修者コメント

さまざまな独自展開で他社にはない魅力的なアセットを持つ同社。コロナという未曾有の危機を乗り越え、さらなる躍進を遂げる。そのハングリーさ、ポテンシャルに大きく期待。

自分との親和性が高いと感じてはじめた

　旅先でのアクティビティを予約できる、日本最大級の遊び予約サービス「アソビュー！」。運営するアソビュー株式会社の創業者・山野智久氏が起業を考えていた当時、同サービスのアイデアのきっかけになったのが、当時話題になっていた「クールジャパン」でした。

クールジャパンで取り上げられているカルチャー、食、観光などの

分野がこれから日本で産業として発展していくと考えた山野氏。その中で親和性がある「観光」を起業のテーマとして選びました。学生時代にバックパッカーとして旅をした経験が豊富だったからです。

　観光をテーマに考える中で「世間には旅行中の困りごとがある」のではないかと考え、調査。すると旅行先でのアクティビティ選びに悩んでいる人が多いことがわかりました。

　自然や体験に対する知識が豊富なアクティビティの事業者がたくさんある一方で、予約を受け付けるための事業者の環境が整備されていないことに気づいたのです。

　当時の予約は、電話でしか受け付けていない、予約は紙の台帳で管理、といったアナログな手法が普通でした。そこで「予約をもっと効率化させて、遊びたい利用者とそれを迎えたい事業者をマッチングさせるプラットフォームを作ろう」と考えました。これがアソビュー！がスタートした経緯です。

王道を抑えた「アソビュー！」のビジネスモデル

　「アソビュー！」のビジネスモデルは非常にシンプル。全国のアクティビティの事業者の情報が掲載され、「ゲスト」と呼ばれる利用者は、同サービスを通じて予約して事業者に料金を支払い、その料金の一部をアソビュー社は手数料として受け取るのです。

　予約のためのシステムは自社開発を選択。自社開発は、ゲストの要望を素早くシステムに反映させられるからでした。

　しかし、システムの開発で人手が足りない中、電話対応などのアナログなオペレーションで予約管理に対応していたこともあり、サービス開始からしばらくは大変な苦労もしたといいます。

アソビュー！のビジネスモデル

ゲスト　←予約代行→　アソビュー！　←手数料を引いた料金の支払い→　レジャー提供事業者
料金の支払い　　掲載
体験の提供

掲載数とファミリー層に強みがある「アソビュー！」

「アソビュー！」のほかの類似サービスに対する優位性の1つは、掲載されている遊びや施設の多さです。掲載プラン数は約2万件もあり、アウトドアからインドアまで多くの種類の遊びのプランが用意されています。アソビュー！を利用するゲストはファミリー、カップル、友達同士など多種多様であり、さまざまなゲストニーズに応えることができることが大きな強みになっています。

　また、アソビュー社では誰もが安心安全な遊び体験ができるための取り組みに力を入れています。

　安全面では「事業者が保険に加入しているか」「器具の安全確認の頻度は問題ないか」を定期的にチェック。また、サービスに投稿された口コミから「事業者によるハラスメントがなかったか」を定期的に集計し、さらにハラスメントを受けたゲストが通報するための窓口も設置して、安心を確保する取り組みもしています。このような取り組みによってゲストの信頼を得ており、他社が追随できない「安心安全なイメージ」を得て、優位性を築いているのです。同サービスは掲載プラン数とゲストからの信頼という2つの強みを持つことで、競合に対し大きなアドバンテージを持っているといえます。

顧客のインサイトを見抜いて危機を乗り切った

　人々が外出を自粛したコロナ禍は、アソビュー社にも大きなダメージを与えました。売上が約9割減という事態になったのです。

　しかし、アソビュー社は会社を存続させるにためであっても、「解雇しない」ということを最初に決定しました。その上で、会社にとってのコストとなる人件費を抑える方法を模索したのです。

　その結果、社員がアソビュー社に在籍しながら他社で働く、在籍出向という施策を実現させました。社員はアソビュー社ではなく出向先の企業から給与を受け取るため、アソビュー社は人件費を大幅に抑えることができたのです。

　また、**アソビュー社はコロナ禍でも新しいビジネスを追求。そこでキーになったのは、顧客のニーズとインサイト（欲求）です。**

　コロナ禍での顧客インサイトを見抜いた新サービスには「応援早割チケット」があります。これは、コロナで休業を余儀なくされた動物園や水族館が営業を再開したときに使える入場チケットで、「アソビュー！」で前払い購入できるというサービス。レジャー施設にとっては現金が前倒しで手に入るというメリットがあり、コロナ休業中の同社にも資金確保のために大いに役立ちました。

　コロナ禍では多くのレジャー施設が休業して経費の節約に努めましたが、動物園や水族館は動物の餌代や動物の世話をする飼育員の人件費を節約することは簡単ではありません。そのため、ほかのレジャー施設よりも当面の運営資金を確保する必要性が高く、アソビュー社はこのインサイトを見抜きました。こうした事情に理解・共感したゲストの応援もあり、応援早割チケットは大成功したのです。

いくらコロナ禍とはいえ、休日に子どもを遊びに連れて行けない親は罪悪感を覚えます。このときに親の「子どものために何かしてあげたい」というインサイトに応えるため、自宅で楽しめる体験キットという新サービスを考案し、販売したのです。

　コロナ禍の施策のうち、とくに業績のＶ字回復に貢献したのが電子チケットサービスや予約・管理システムの開発でした。コロナ禍では「密を避けるため」にレジャー施設は時間ごとに入場者数を制限する必要がありました。電子チケットや予約・管理システムで、その管理を容易にできるようにして利用者が増えたのです。

　「アソビュー！」ではすでに多くのレジャー施設とパイプがあったので、開発したサービスとシステムは全国の施設で導入されました。このおかげでアソビュー社は業績のＶ字回復を遂げたのです。

　コロナ禍では、アソビュー社のように多くの会社が生き残るために、さまざまな新サービスを提供しました。しかし、顧客のニーズとインサイトを見抜けなかったサービスは普及しなかったことでしょう。P98でも紹介したように、顧客ニーズがないサービス・商品はビジネスとしてうまく展開できないのです。

「生きるに、遊びを。」実現に取り組む

　アソビュー社が掲げるミッション「生きるに、遊びを。」でもわかるように、遊ぶことも人生の目的であると同社は考えています。そのため**生活の三大要素といわれる「衣・食・住」に「遊び」を加えた社会を作ることが会社としての目標なのです。**

　このミッションを実現させるための一環として、さまざまな事情で遊びなどの体験ができない子どもたちに体験を届け、子どもたちの体

験格差を解消するプロジェクトを行っています。

体験は子どもの認知能力や自己肯定感を養う上で重要です。しかし、学力格差の解消が優先され、子どもの体験活動に関する国からの十分な支援がありません。そのため、今後もプロジェクトを続けるとしています。

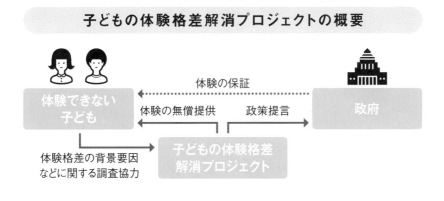

子どもの体験格差解消プロジェクトの概要

新たなビジネスアイデアは顧客起点から生まれる

アソビュー社が重視している価値観は「FOR YOU」。この言葉は「すべては顧客の期待を超えるために」を意味します。つまり、**顧客に寄り添って考えることが、会社にとって重要な判断軸の1つになっているということです。**

アソビュー！に続く新しいビジネスを同社が生み出す際も、「このビジネスは顧客のニーズに応えるものになっているか?」「このビジネスによって顧客の課題を解決できるか?」という「お客さまのためになるかどうか」という目線は変わらず、そこを起点に社会課題の解決に貢献するビジネスを生み出していくことになるでしょう。

akippa

アキッパ

世の中のためになる会社としての挑戦を続ける

Company DATA

代表取締役社長 CEO	金谷 元気
設立年	2009年
ビジネスモデル	空地や未契約の月極駐車場を時間貸し駐車場として提供したいオーナーと駐車場を利用したいドライバーを「アキッパ」を通じてマッチングさせる
主要サービス	駐車場マッチングサービスアキッパ（akippa）を運営。
社会課題	駐車場不足を未利用駐車場をシェアするという形で解決する、駐車場シェアサービス「アキッパ」を運営。
企業ミッション	"なくてはならぬ"サービスをつくり、世の中の困りごとを解決する

akippa

監修者コメント

空きスペースの活用を早くから開始した同社。先行優位性を活かし、十分なアセットを抱えているものの、駐車場不足解決はまだ道半ば。その課題解決とともに、日本経済への貢献にも期待したい!

世の中のためにという思いからはじまった

akippa社は代表取締役社長CEOの金谷元気氏によって創業されました。創業時は、別の社名で今とはまったく異なるビジネスを手がけていましたが、そのときに抱いた「世の中のためになることをしたい」「電気のように"なくてはならぬ"サービスをつくりたい」という思いがアキッパというサービスを生み出したといいます。

アキッパを立ち上げる前は営業代行が事業でしたが、業績を追うあまり顧客からクレームが入ることもありました。**「自分たちの仕事は世の中のためになってないのではないか」と悩んだ金谷氏は、世の中にとって必要不可欠なサービスを作ろうと決意します。**

会社のミッションとして「"なくてはならぬ"をつくる」を掲げ「世の中の困りごとを解決する」ことで実現できると考えた金谷氏。オフィスの壁に模造紙を貼って、当時の従業員全員で生活の中での困りごとを書き出しました。その中に「コインパーキングは現地に行ってから"満車"だと知るため困る」と書いた社員がいました。

ここから着想を得て市場調査したところ、自動車の台数に対して時間貸し駐車場の数が不足していることがわかりました。ここから、駐車場不足という困りごとを解決するサービスとして、アキッパがスタートしたのです。

空駐車場を有効利用するアキッパのビジネスモデル

アキッパでは未契約の月極駐車場や使っていない個人宅の駐車場などを対象に、駐車場を貸したいオーナーと借りたいドライバーのマッチングをしています。

駐車場のシェアリングエコノミーといえるビジネスモデルですが、akippa社でこのサービスをはじめる際には、シェアリングエコノミーという仕組みを知らずに同様な考えに至ったというのです。

また、海外の事例を参考にすることもとくになく、「駐車場に関する困りごとを解決するサービスを作りたい」と単純に考えたところから、このビジネスモデルにたどり着いたのです。

社会課題を解決したいという強い思いがあれば、金谷氏のように自

力でビジネスモデルを考えることが可能なのかもしれません。

　アキッパのビジネスモデルは、駐車場を利用したドライバーが支払った駐車場料金から手数料を引き、残りの金額を駐車場オーナーに報酬として支払うというものです。ドライバー側にも駐車場オーナー側にも登録料や月額費用は発生しません。

　手数料は駐車場料金の約50%。駐車場によっては予約が入りやすいようにするため、周辺の駐車場の料金と比較してその価格よりも低い金額を駐車場オーナーに提案して、料金を設定することもあります。周辺の駐車場の調査、料金比較もakippa社が行っているのです。このサービスによって、オーナーは駐車場を効率的に貸し出すことが、ドライバーは安い駐車場を利用することができるのです。

　通常、コンサートやスポーツの試合などのイベントがある日は駐車場の需要が高まります。そこでakippa社では独自にその需要を予測し、その日の需要に見合った価格を駐車場オーナーに提案することで、オーナーの利益にも貢献しているのです。

　通常のコインパーキングとの違いには、非匿名性もあります。コインパーキングはどんな人が利用しているのかわかりません。しかしアキッパは、ドライバーは会員登録の際に連絡先や車両ナンバーを登録しており、そこから「誰が利用しているのか」が明確になります。そのため駐車場オーナーは安心して駐車場を貸し出すことができるのです。

　匿名性は利用者のプライバシー保護や安全の確保のために必要な場合もあるでしょう。しかし、匿名性が高いことで利用者のモラルが低下し、第三者に不利益を与えるという事例も多くなっています。同タイプのビジネスモデルを評価する際は、匿名性の有無やその必要性も評価基準に入れるとよいでしょう。

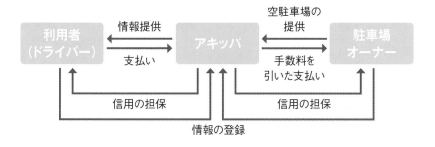

アキッパのビジネスモデル

前身事業での営業経験も活かされている

　アキッパの競争優位性は、圧倒的な登録ドライバーと駐車場の「数」。2024年5月時点で、登録しているドライバーは累計で380万人、駐車場は全国で4万以上です。現在は全国各地の1000以上の代理店がパートナーとして駐車場開拓を実施して、さらに数を増やしています。

　しかし、サービス開始時はパートナーもおらず、契約駐車場の開拓はすべて自社で行いました。前身の事業である営業代行業務で得た経験が活かされたといいます。また、システムを自社開発していることも強みの1つ。他社事例でもわかるように、自社開発でオーナー・ドライバーのニーズに素早く対応することで信頼を勝ち得ています。**2020年には損保ジャパンと業界初となる「駐車場シェア専用保険」を開発。こういった取り組みも優位性につながっているのです。**

投資家の支援もアキッパの成長に欠かせなかった

　アキッパの成功の理由には投資家の支援もあります。営業代行事業からの事業転換を目指した際には、不足していた人材や情報、資金の

サポート面で投資家からの多くの協力を得られ、サービスの開始以降もサービスを拡大していくための戦略を共に考えました。また、新たな投資家を探して資金の確保に努め、事業拡大のための先行投資資金などに充てたといいます。

　事業の拡大後も、利益よりもさらなる拡大が求められたようです。また、事業が拡大したことで、事業提携を目的としたCVCからの出資もあり、損保ジャパンとの連携につながりました。このような投資家からの支援もアキッパの成功に不可欠なものです。

地域交通に大きな貢献を果たす

　イベント開催日は駐車場が不足しがちです。駐車場が不足するとイベントの開始時間に間に合わない人が続出するのはもちろん、駐車場を探す車が原因で渋滞が発生し、イベントに関係ない人々の移動の妨げにもなるという社会課題も生み出します。

　akippa社は全国の自治体やプロスポーツクラブなどと連携し、アキッパを通じて駐車場不足問題の解決に貢献しています。普段は利用していない空地や個人宅の駐車場をシェアできるようにした結果、土浦市や諏訪市の花火大会など、多くのイベントで渋滞が緩和され、ドライバーはイベント開始時間に余裕をもって到着できるようになりました。また、この取り組みはこれまで無料で提供していた臨時駐車場を有料の事前予約制駐車場として貸し出すことができるため、イベント開催の資金源獲得の手段としても活用されています。

　大阪府では、高齢者の免許自主返納サポート制度に参画。返納後に車を手放して空いた駐車場をアキッパで貸し出した場合は、オーナーに支払う報酬を優遇する優待サービスを実施しました。また、保険の

代理店と連携し、免許を返納して自動車保険を解約する高齢者にアキッパでの駐車場活用をすすめ駐車場獲得にもつなげています。

花火大会での駐車場不足解決にも貢献

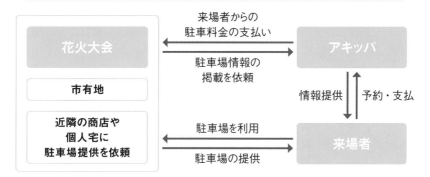

世の中のためになるサービスはさらに進化する

人々の困りごとを解消したいという思いからスタートしたアキッパ。現在は、誰もが移動しやすい世の中の実現を目指しています。その実現のため、EVに注目しており、2023年にはEV充電サービスを手がけるTerra Chargeと提携して個人宅の駐車場にEV充電器を設置する取り組みをはじめました。これは、充電器が置かれた駐車場を利用したドライバーが駐車中にEV車の充電ができるというもの。この試みはEVの普及やEVユーザーの利便性向上を目指すものです。

　akippa社はさらに自動運転カーのシェアも検討しています。アキッパの駐車場に自動運転カーが停まり、設置された充電器で充電し、次の目的地に利用者を乗せていく。そんな誰もがどこへでも簡単に移動できる未来をイメージしているのです。

ファンディーノ
FUNDINNO

未上場のスタートアップが活躍するための金融の仕組みを用意

Company DATA

代表者	柴原 祐喜（CEO） 大浦 学（COO）
設立年	2015年
ビジネスモデル	投資家からの未上場企業への投資や未上場企業の資金調達を支援するための、さまざまな仕組みを独自に展開する。
主要サービス	日本初の株式投資型クラウドファンディングサービス「FUNDINNO」などを運営。
社会課題	未上場企業が抱える資金調達や株売主管理の課題を解決して、事業に邁進できる環境を整備に貢献する。
企業ミッション	"フェアに挑戦できる未来を創る"

監修者コメント

株式投資型クラウドファンディングの先駆けとなる同社。セカンダリーマーケットなどは、競合に比べて進捗も抜群。個人投資家という文化を創り続ける動きは、日本の発展に必須。

投資による世界を作りたい思いからはじまった

　株式会社FUNDINNOは、日本初の株式投資型クラウドファンディング「FUNDINNO」などを手がける企業です。VCを支援する証券会社として、資金を調達したい企業と事業に応援したい投資家をつないでいます。

　COOの大浦学氏と会社を立ち上げたCEOの柴原祐喜氏は、カリ

フォルニア大学で学んだ際にスタートアップが盛んなシリコンバレーを目の当たりに。そこでの経験から、日本のスタートアップを取り巻く環境が遅れていると痛感し、「日本のスタートアップを応援したい」と考えるようになったといいます。

　そのためには、スタートアップが資金に困らないようにスタートアップへの投資を盛んにする必要がありました。

　しかし、当時日本では未上場企業への株式投資が難しく、スタートアップが資金調達することが難しかったのです。この状態を変えたのがFUNDINNOです。

　FUNDINNOによってやっと未上場企業への投資が可能になりましたが、株式投資型クラウドファンディングによる資金調達は、金融先進国のアメリカやイギリスに比べ遅れています。FUNDINNOはこの状態を変えるためにさまざまな施策を展開しています。

　FUNDINNO社の取り組みは、日本のスタートアップが成長して世界的な企業となるために大きな貢献を果たすことでしょう。

株式投資型クラウドファンディングの仕組み

個人投資家

投資家登録　投資情報の提供　　　　　資金

事業者（FUNDINNO）

投資情報の
提供依頼・手数料　　　　株式

スタートアップ企業

投資の入口から出口まで用意したビジネスモデル

　株式投資型クラウドファンディングのFUNDINNOは、未上場企業の資金調達を支援するサービスです。資金調達をしたいスタートアップが事業内容を公開し、興味を持ったユーザーが投資します。

　FUNDINNO社の審査を通過した企業のみが、FUNDINNOの投資対象になります。審査は、FUNDINNO社の会計士や弁護士が財務面や法律面のチェックをするほか、特異なビジネスの場合は外部の専門家に話を聞くこともあります。このようなスタートアップに対する分析能力を持っている会社は日本にはほとんど存在しません。

　通常、未上場企業の株式は売買されることがほとんどありません。株の売却ができないという課題を解決するために開設された市場が、未上場株式マーケットの「FUNDINNO MARKET」です。「未上場株式を購入したものの、売却できない」ということがないように、投資家のための"出口（株の売却手段）"を用意したのです。

　また、未上場企業の事業成長を応援するための株主管理・経営管理ツール「FUNDOOR」も提供しています。これは三菱UFJ信託銀行と資本業務提携して開発したもので、このツールによって未上場企業が不慣れな株主総会や取締役会の開催などをサポートし、事業の成長により注力できる環境を提供しています。

**　FUNDINNO での資金調達、FUNDOOR での事業成長支援、FUNDINNO MARKETでの未上場株式の取引という3つのサービスによって、スタートアップへの投資がうまく回る好循環サイクルを実現することができています。**このような仕組みを競合他社が用意することは簡単ではないでしょう。

投資家と企業をつなぐFUNDINNOのビジネスモデル

コロナでベンチャー投資の機運が高まった

　FUNDINNO社が2021年に行った調査では、個人投資家の約6割が「コロナ禍でベンチャー投資への意欲が高まった」と回答するなどコロナ禍の影響によって投資意欲が高まっています。

　その背景には、コロナ禍で余暇時間が増えたという事情もありますが、「人の助けになることをしてみたいと思ったから、投資意欲が高まった」といった回答もありました。つまり、コロナ禍という逆境の中でも頑張っている企業を応援したいという人が多数いたといえます。また、この調査では約9割の投資家が「ベンチャー投資には社会的に意義がある」と回答。**投資によって革新・最新性あるアイデアやビジネスモデルを持つスタートアップを支援することが、社会にとって大事なことだという意識を持つ人が増えているのです。**

　投資意欲や社会に役立つ会社を応援したいという意識の高まりも追い風に、この事業はより成長していく可能性を秘めています。

地域と協力して経済を活性化させる

　FUNDINNO社は、地方自治体とさまざまな取り組みをしています。その一例が南魚沼市の事例です。

　2022年6月にFUNDINNO社は、南魚沼市のファンドサポート交付金認定事業者の第一号認定を受けました。この交付金には南魚沼市内のスタートアップ事業促進という狙いがあり、「FUNDINNOで資金調達」を行った「南魚沼市の認定を受けたスタートアップ企業」には、交付金が支給されるようになりました。交付金の上限は資金調達額の2分の1で、審査によって交付の可否が決定。交付金の限度額は、新農林水産関連事業、雪関連事業、チャレンジ支援事業補助金採択事業なら最大2000万円。それ以外の事業の場合は最大1000万円です。

　地方のスタートアップを応援する取り組みですが、FUNDINNO社にとっては、取り組みを通じて自社の事業を知ってもらえるというメリットもあります。また、**投資家には自治体と未上場企業を評価するノウハウを持つFUNDINNO社の双方から認められた企業のクラウドファンディングによる資金調達に参加できることは魅力的でしょう。**

南魚沼市ファンドサポート交付金の概要

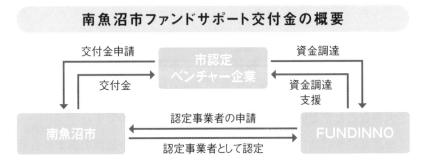

※株式投資型クラウドファンディングによる資金調達額の2分の1（上限2000万円以内）を支給

日本金融に貢献する思いからさまざまな活動を行う

現在、FUNDINNO社は上場を期待できるスタートアップにエンジェル投資できるサービス「FUNDINNO PLUS+」に力を入れています。

以前は金融商品取引法で調達額は1億円未満と定められていましたが、法改正によってベンチャー企業の1億円以上の大型資金調達が可能となったことから実現したサービスです。

この改正には、FUNDINNO社も国に提言を行いました。同社は「日本の未来の投資のためには金融機関が貢献すべき」というビジョンがあり、その実現のためにロビー活動も盛んに行っています。**その活動はどの企業でもできそうな地道なものです。**

たとえば、伝手がない代議士の元に愚直に足を運んだり、国会議事堂ツアーに参加するなどがあります。また、世の中に自社を知ってもらう活動としてテレビCMも打っていますが、そのターゲットは投資に知識のある層です。まずはそうした人たちに未上場株の投資を知ってもらった上で、認知度を上げていく狙いがあるのです。

日本は世界に負ける!　FUNDINNOからの警鐘

FUNDINNO社は、日本の金融リテラシーが上がることを目指して活動しています。「リテラシーを高めた日本の家庭の1つひとつが、1社のスタートアップに投資する」ことを実現させたいといいます。

ITが発達した現代では時差は関係ありません。そのため、誰よりも早く行動を起こす必要があります。金融リテラシーが上がらず、スタートアップへの投資が進まない日本は海外に置いていかれて負けてしまうと危惧しているようです。

スマートエイチアール

SmartHR

働くすべての人の生産性向上に貢献するユニコーン企業

Company DATA

代表取締役CEO	芹澤 雅人
設立年	2013年
ビジネスモデル	主にクラウド人事労務ソフト「SmartHR」の開発・運営。
主要サービス	クラウド人事労務ソフト「SmartHR」の企画・開発・運営・販売
社会課題	人事・労務業務を効率化して、働くすべての人の生産性向上を支える。
企業ミッション	well-working　労働にまつわる社会課題をなくし、誰もがその人らしく働ける社会をつくる。

Ⓢ SmartHR

監修者コメント

日本企業の人事・労務業務のDXを一手に引き受ける同社。生産性向上に大きく寄与するサービスは、すでに必須レベル。SaaSモデルとしても、今後どこまで伸びるかに注目。

規制緩和も追い風になった労務管理クラウド

　株式会社SmartHRは、企業の人事や労務業務を効率化させる人事労務ソフト「SmartHR」で知られる会社です。**SmartHRがどういう経緯でビジネスを成立させていったのかを見てみると、自分たちや身近な人たちの悩みを解決したいという思いからビジネスをスタートさせたことがわかります。**

株式会社SmartHRは、宮田昇始氏によって立ち上げられました。「SmartHR」が生まれるきっかけになったのは、創業者である宮田氏の実体験です。

　当時、中小企業に勤めていた妊娠中のパートナーがテーブルにたくさんの書類を広げて産休の手続きをするのを見て、書類の作成などのいわゆるペーパーワークの煩雑さを感じていました。

　周囲のスタートアップで働く人たちにも同じ悩みを抱えた人が多かったことから、ペーパーワークを効率化できないかと考え、まずは社会保険関係の手続きをクラウド化する事業をはじめました。以前は紙の書類で手続きを行わなければいけませんでしたが、総務省が提供する電子政府（e-Gov）の外部連携APIを利用することで、民間企業でも手続きをWeb上で申請できるようになりました。このこともクラウドサービスである「SmartHR」にとって追い風となったのです。

ターゲットと提供機能が画期的なビジネスモデル

　「SmartHR」の提供を開始した当時、パッケージ型の人事管理ソフトが主流で、クラウド型のものは多くありませんでした。「SmartHR」が当初ターゲットとしていた社員の少ないスタートアップなどの中小企業にとって、パッケージ型は機能が過剰なことや、利用額も高額になることがあり、すべての企業にとって使いやすいわけではなかったといいます。

　そのため当初の「SmartHR」は、入退社関連のシンプルな機能に絞られていました。また、労務の担当者だけでなく、多くの社員が使用することを想定して、初見でも操作できるわかりやすいインターフェースが用意されました。**必要な機能の提供のみに絞り、その操作**

は誰もができるという「SmartHR」の戦略は成功し、ユーザーの支持を集めたのです。

　既存のパッケージ型ソフトと違った点は、サブスクリプション型のビジネスモデルを採用したこともあります。導入企業は従業員数に応じて、月額または年額で料金を支払う方法です。

　とはいえ、現・代表取締役CEOの芹澤雅人氏によるとサブスクリプション型のビジネスモデルは当時すでに採用している企業も存在したので、そこに革新性はなく、「SmartHR」のサービスとしての独自性は製品そのものとターゲット層にあったと分析されています。

　先行していた人事労務系の他社クラウドサービスとして、「マネーフォワード」や「freee」がありました。しかし、それらは会計関連のためのサービスで、社会保険関連のサービス提供を目指していた「SmartHR」とは狙いもターゲットも異なっていたといいます。

　類似していると思える事業やビジネスモデルであってもターゲットが異なり、そのターゲットのニーズを満たすことができれば大きなビジネスチャンスになるという好例でしょう。

SmartHRのビジネスモデル

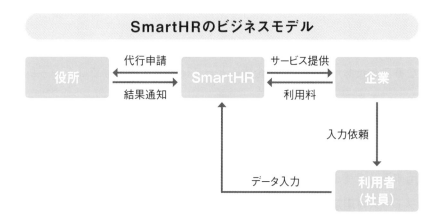

データに競争優位性がある

　芹澤氏は「SmartHR」の競争優位性は「データにある」と回答。
実際、ビジネスにおけるデータ活用の重要性はどんどん高まっています。そんな中、「SmartHR」が蓄積するデータも非常に重要なものとなっているのです。

　「SmartHR」を活用すると雇用契約や入社手続きなどを通して、従業員が会社に入社する段階から従業員データが蓄積されます。転居や結婚などの身上変更なども「SmartHR」で行えるので、その企業の従業員の最新かつ正確なデータが蓄積されていきます。以前は表計算ソフトなどで従業員データを管理していましたが、それではデータのバージョン管理が煩雑です。どのバージョンの従業員データが最新なのかわからなくなるという事例が多々発生しました。

　それに対して、クラウド上で従業員のデータが最新かつ正確なものにできるのが「SmartHR」の強みです。さらに、蓄積された従業員データを評価や人員配置などの組織の生産性を高めるタレントマネジメントに活用できる点も大きいといいます。

　また、仮に「SmartHR」を解約する場合は、会社は異動や評価などの履歴も含めた従業員データを失います。さらに、従業員データを次に利用するサービスに適した形に形成し直すのも心理的・時間的な負担になります。この点で、サービスの切り替えのための負担が非常に高くなっているのです。

　「SmartHR」は解約率を1％未満という低い数字で抑えています。その理由は、顧客ニーズを満たす機能を使いやすく提供しているのはもちろん、スイッチングコストの高さにもあるのです。

解約率１％未満を誇るSmartHRのスイッチングコスト

SmartHRのスイッチングコスト	
心理的コスト	**時間的コスト**
・データの形式を他社の仕様に整える必要がある ・他社サービスの利用方法を覚える必要がある	・サービス移行後にデータ入力時間が増える可能性がある ・サービス変更に伴い従業員や労務担当者の業務フローを変更する必要がある

メディアとコミュニティ運営

「SmartHR」では、早い段階からオウンドメディアやユーザーコミュニティの運営を行ってきました。

オウンドメディアは検索流入の効果が得られます。たとえば年末調整について知りたい人が「年末調整」という単語で検索して記事にたどり着いたとき、その人に対してサービスへの導線が作れるのです。

ユーザーコミュニティでは「SmartHR」のユーザー同士が交流して人事や労務のノウハウを共有することができます。ユーザーにとっては知見が得られるメリットがあり、「SmartHR」としてもユーザーのプロダクトに対するエンゲージメントが高まって、サービス利用を継続してもらえるというメリットがあります。ほかにも、学生向け出張講座や人事・労務の実務担当者向け資格検定などを行う「働くの学び舎」や、働き方のアップデートを対象とした賞「WORK DESIGN AWARD」の主催などを通じてPRしています。

スタートアップで働く魅力

芹澤氏が中途入社した当時、会社はシードステージで、いつ倒産しても不思議ではないという不安も。しかし、「SmartHR」の開発に関して与えられた裁量が大きく、大企業ではできないような経験を積め、自身の成長を実感できたといいます。

リスクも含めて、「チャレンジできる場」「刺激を受けて成長できる場」としてスタートアップに魅力を感じる人は、スタートアップ企業に向いている人財だといえるでしょう。

スケールアップ企業として今後も成長を続ける

現在、SmartHRは自分たちのことをスタートアップ企業ではなく、「スケールアップ企業」と呼んでいます。事業と組織の成長を経てスタートアップと呼ばれるフェーズではなくなっていると考えているのです。とはいえ、スタートアップの特徴である早い成長が止まったわけではありません。スケールアップ企業とは海外などで使用されている言葉で、急激に事業の規模が拡大している企業のことを指します。

SmartHRがスタートアップからスケールアップへと進化する中、芹澤氏は会社が「腕を試すにはもっともよいフェーズにあるのではないか」と考えています。会社の成長により大きなチャレンジができる土台があるので、チャレンジしたい人にはどんどんチャンスが与えることができると、芹澤氏は語ります。

チャンスの多さがスタートアップで働くメリットの1つであり、そういう意味でSmartHRは、スタートアップのよさを残しながら今後も成長していくといえそうです。

INFORICH

インフォリッチ

日本発のグローバルシェアリングプラットフォーマーを目指す

Company DATA

代表取締役	秋山 広宣
設立年	2015年
ビジネスモデル	ChargeSPOTを設置して、モバイルバッテリーのシェアリングサービスに加えて、ChargeSPOTに内臓されているデジタルサイネージを利用して広告ビジネスも展開。
主要サービス	モバイルバッテリーのシェアリングサービス。
社会課題	モバイルバッテリーのシェアリングサービスを提供してスマホの充電ニーズを解決。
企業ミッション	Bridging Beyond Borders 垣根を越えて、世界をつなぐ。

INFORICH

監修者コメント

コンビニや駅などで誰もが一度は目にするであろう同社が設置しているChargeSPOT。その利便性はデジタル時代の今となっては必須。上場を経て、今後さらなる急拡大に期待。

反対意見もあったモバイルバッテリーシェアリング

「どこでも借りられて、どこでも返せる」をコンセプトにした日本初のモバイルバッテリーのシェアリングサービス「ChargeSPOT」。このChargeSPOTを運営するのは、株式会社INFORICHです。

代表取締役の秋山広宣氏は香港生まれの日本育ちという経歴の持ち主で、INFORICHには日本＋華僑ネットワークを活かせるという強み

があります。実際に、ChargeSPOTは類似サービスが先行して行われていた中国のサービスから着想を得ました。

中国でのシェアリングサービスの中でモバイルバッテリーのシェアサービスが順調だったことから、日本でも需要があると予想。当時は周囲の人から「日本では、お金を払って充電なんかしないでしょ」と否定的にいわれたそうですが、**スマホを充電したいというニーズは世界のどこでも変わらないから日本でもサービスは受け入れられるという自信があり、サービスを立ち上げました。**

何よりも設置数が優先となるビジネスモデル

ChargeSPOTの利用方法は、さまざまな店舗や施設に設置されたスポット（バッテリースタンド）からモバイルバッテリーを取り出してレンタルするというものです。返却もスタンドで行いますが、借りたときとは違う場所のスタンドでも問題ありません。料金の支払いはクレジットカードやキャッシュレス決済などで行います。ユーザーが支払うレンタル料金がメインの収益となります。

スポットが各地にないと借りるときも返却するときも不便で、ビジネスが成り立たないので、設置には多くの労力をかけました。よりたくさん設置するため、代理店にも協力してもらい、スポットが設置された際は代理店にレベニューシェア（報酬）を支払い、設置先にレベニューシェアを支払うこともあります。このように、設置に関わる人たちにしっかりとメリットがある形にすることで、設置を拡充することができました。

現在コンビニにもスポットは設置されています。コンビニに置かれるようになってから圧倒的に台数が増え、2023年には4万台を突破

しました。4万台を超えてもまだまだニーズのほうが大きいので、設置台数は今後も増やしていく予定です。

ChargeSPOTは、その存在自体がサービスを宣伝する効果を生んでいます。INFORICHはあまり広告を打っていませんが、独特の形態をしているスポットを目にすることで、人々がサービスを知るきっかけとなり、広告の代わりとなっているのです。

スマホの価格が上がったことも追い風となりました。スマホが高額化したことでスマホを買い替えずに使用する期間が長くなり、その分、バッテリーが劣化し、外出先で充電するニーズが増えたのです。また、バッテリーの容量があまり増えていない一方でスマホの使用時間が長くなり、それに伴い消費電力が上昇していったこともChargeSPOTに頼るユーザーを増やす要因となりました。スマホ用バッテリーの容量が増えない理由としては、容量を増やすことでバッテリーの爆発リスクが高まるなどの安全性への懸念があるようです。

ChargeSPOTのビジネスモデル

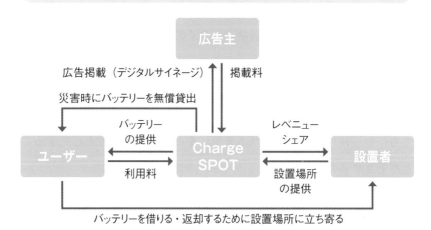

競合の参入を許さないChargeSPOTの競争優位性

　ChargeSPOTの強みとして、ソフトウェアとハードウェアの両方をすべて自社で開発しているという点が挙げられます。他社に頼らない自社開発のため、細かなブラッシュアップをスピーディに行うことが可能で、多岐にわたるユーザーのニーズに応えられるのです。

　多くのユーザーとスポットの設置台数が生み出すネットワーク効果も重要です。さまざまな場所にスポットが置かれるようになった結果、コンセプトどおり「どこでも借りられて、どこでも返せる」という利便性が実現しました。現在のChargeSPOT以上の利便性を実現するのは難しいでしょう。その最大の理由は、コンビニや駅などの利用者が多い主要スポットをChargeSPOTが押さえているからです。後発企業が参入したとしても、ChargeSPOTの牙城を切り崩すことはできないでしょう。

　現在、ChargeSPOTは中国本土、香港、台湾、タイ、シンガポールと海外でもサービスを展開していて、香港と台湾ではすでにナンバー1プレイヤーの地位を占めています。さらに、ベトナム、マカオ、オーストラリアでも展開する予定です。

　日本よりも先にモバイルバッテリーのシェアリングがはじまった中国では、Competitive Marketモデルの特徴である、さまざまな業者が市場シェアを激しく争っている状況のようです。しかし、日本ではChargeSPOTの一強状態となっており、新たな参入者が市場に入ることが困難なWinner take allモデルのような状況になっています。類似サービスでも、スタートするタイミングや戦略によってその後の展開は大きく異なるのです。

意外なことに外国人観光客の利用は少ないようです。しかし、Alipay（アリペイ）やWeChat（ウィーチャット）、LINEなどを使ってサービスを利用できるため、すでに対応は可能な状態になっています。今後、外国人観光客の利用は伸びていく分野となるかもしれません。日本人以外の利用が見込めるChargeSPOTにはまだまだ大きな可能性がありそうです。

災害時に大きな貢献を果たすことも期待されている

INFORICHは自治体や他企業と防災協定を結んでいます。これは災害が発生した場合には、モバイルバッテリーを無償で提供したり、ChargeSPOTのデジタルサイネージを活用して避難所などの情報を発信することなどを取り決めた協定です。

防災協定とは別に、INFORICHでは大きな災害が発生した場合には、被災した地域でChargeSPOTのモバイルバッテリーを無償貸出するという取り組みも実施しています。

2019年に発生した台風15号が千葉県を襲った際は、100カ所以上のスポットで無償貸出を行いました。また、2024年1月1日に石川県能登地方で発生した地震の際にも無償貸出を行っています。このほかの災害時の無償貸出もあわせて10数回、実施しているそうです。**これが可能なのもシステムを自社開発しているからです。社内にはマニュアルがあり、災害が発生した場合は社内でそのマニュアルに従って迅速に無償貸出の設定を行うことができるのです。**

システムの開発や保守・管理を他社に任せていた場合は、他社の管理者に出社してもらう必要があったり、管理者に無償貸出の指示を出す必要があるので、素早い対応は難しいでしょう。

「災害時にスマホが充電できなくて困った」という悩みがよく聞かれます。災害の情報収集や安否確認・連絡をするためにも、災害時のスマホの充電は非常に重要です。こうした問題の解決にChargeSPOTが役立っています。

ChargeSPOTの災害時の取り組み

災害が発生	無償貸出のための システム設定	ChargeSPOT の無償貸出を実施
震度6以上の地震などの、大規模災害時	社内で無償貸出のシステム設定が可能なため対応が早い	無償貸出設定と同時にデジタルサイネージで災害情報を提供

※災害の規模が無償貸出の基準を満たしていない場合は実施されません。また、停電などによりChargeSPOTが作動できず、無償貸出が実施できない場合などもあります。バッテリーの数には限りがあります。無償貸出の期間は必ずHPを確認してください。

INFORICHの未来図

入社希望者には、**企業ビジョンに共感し、「INFORICHで自分はこれをやりたい！」という思いのある人材を求めています。**上場の際に「ChargeSPOTという社名にしたほうが投資家にわかりやすいのでは？」という意見も出ましたが、INFORICHのままで行くことにしたのは、企業ビジョンに従い、ChargeSPOT以外の新しい事業も手がけるという意志の表われでしょう。

ChargeSPOTという場所を活用することで、INFORICHはまったく新しい次のビジネスを生み出すかもしれません。

COMPANY -10- ゲシピ

バーチャル世界で英会話という新しい形での教育の提供を目指す

Company DATA

代表取締役	真鍋 拓也
設立年	2018年
ビジネスモデル	ゲームの時間を学ぶ時間に変える、学校・塾ではない、第3の教育機会をeスポーツのバーチャル世界で提供する。
主要サービス	オンライン英会話プログラムを開発し、eスポーツのバーチャル世界で英会話教室を展開。
社会課題	片言でもいいので、堂々と英語を話す人材を生み出すことで、世界中で活躍できる人材創出を実現する。
企業ミッション	eスポーツで一人ひとりの可能性をひろげる教育機会を

監修者コメント

eスポーツスポーツ×教育という独特な切り口で突き進む同社。初期段階から発生している圧倒的なトラクションは確かな手応え。今後は如何に上場に向けて諸問題を解決できるかが鍵。

コロナ禍で生まれた新しい英会話教室

ゲシピの主力事業であるeスポーツ英会話のアイデアは、新型コロナウイルス感染防止を目的に2020年3月に行われた全国一斉休校中に生まれました。

当時小学4年生だった代表取締役の真鍋拓也氏の子どもが、どこにも出かけることもできずに毎日7時間以上オンラインゲームをプレイ

していることに、一人の親として不安を感じたことがきっかけになったといいます。

　ゲームのやり過ぎは注意したいが、ゲームは外出ができない子どもの楽しみであり唯一の社会とのつながりになっていると考えていたことから、それができなかったといいます。そのため、真鍋氏はゲームをやめさせるのではなく、有効に使う方法を考えるようにしたのです。その際に、注目したのがボイスチャット機能。**子どもが友人とゲームしながら、「宿題が終わったよ」「○○のゲームをクリアしたよ」などと会話をしているのを見聞きして、この会話を英会話に変えることができたら、子どもの成長に役立つのではないかと思い至ったのが、アイデアの原点だったといいます。**

　ゲームは勉強の妨げになるという、ネガティブな印象を持つ保護者は多いものです。しかし、真鍋氏は中学時代にゲームセンターに通い、学校ではできなかった幅広い年齢層とのコミュニケーションをしたことで自身にとって重要な学びになったことから、ゲームに対するネガティブなイメージはなかったといいます。

　このような自身の体験もeスポーツ英会話のアイデアを実現できた背景にあるようです。

スピードとクオリティの両立に役立った過去の失敗

　ゲシピのeスポーツ英会話は2020年5月に提供が開始されました。つまり、真鍋氏はこのアイデアを思いついてから、わずか3か月でシステムを開発してサービスを世に送り出したのです。当時はオンライン診察を筆頭にさまざまなサービスがオンライン化していたので、サービスの提供に時間を要することになっていたら他社が先行して、

類似したサービスを提供していたかもしれません。また、コロナが早期に終息していたらサービスの展開に苦労していた可能性もあります。このスタートアップならではのスピード感がアイデアの成功に寄与していることは間違いないでしょう。

このようにビジネスではスピード感は重要です。しかし、クオリティが伴わなければどれほど優れたサービスでもユーザからの支持は続かず、事業の継続はいずれ困難となります。そのため、**真鍋氏はクオリティを確保することも重要と考え、サービス開始時の利用者数は12人の小学生に限定しました。**

この戦略の背景には過去の失敗経験があったといいます。ゲシピが創業時に提供していたサービスは、月間利用者数が40万人を記録するほどの有望な事業でした。しかし、利用者の継続率が低く収益化には至らずに撤退を余儀なくされたそうです。この失敗経験を活かし、サービス開始時から大規模な展開はしなかったといいます。代わりに、ユーザーの継続率を高めるためにクオリティの向上に時間を費やしました。その成果もあり、半年後の継続者は11人と高い継続率を記録したといいます。継続しなかった一人も継続を希望していましたが、家庭の事情で継続できなかったようです。

この結果から事業の成功に自信を深めた真鍋氏は、本格的にサービスを展開しました。もし、創業時の失敗経験がなくサービス展開のスピードだけを意識していた場合、eスポーツ英会話は成功しなかった可能性もあったでしょう。

スタートアップでは、失敗を恐れてはいけません。これは、ゲシピが掲げている価値観の1つでもあります。この思いは多くのスタートアップ企業が持っているものでしょう。

失敗を恐れないゲシピの価値観

ミッション	価値観
eスポーツで一人ひとりの可能性がひろがる教育機会を	01. 自燃・自走 02. 早く失敗する 03. 結果にこだわる 04. カスタマーファースト 05. 仲間に敬意を

子どもたちを夢中にさせるゲシピのビジネスモデル

　日本人が英語を話せない理由の1つに、英語を学んだとしてもアウトプットする機会が少ないことがあります。子どもたちが英語を話さなければならない機会が日常生活の中にあるでしょうか。学校や塾で英語を学んだとしても、使う機会がなければ英会話の能力は身につきません。しかし、世界中の人々がプレイするeスポーツ（メタバース）であれば英語を使う機会がない、ということはありません。

　たとえば、アメリカ人とゲームをするときにコミュニケーションを図るならば、言語は英語になります。英語に自信がない子どもは会話を躊躇してしまうと思うでしょうが、ゲームを楽しんだり勝利したりするために積極的に会話をするようです。

　近年、学校教育でも取り入れられているゲーム型学習はモチベーションの喚起・維持に効果的とされています。**ゲームを通じて子どもたちが自発的に英語を使う環境は、学校教育や既存の英会話教室にはありません。競合が容易にマネできないこの環境は、ゲシピの競争優位性といってよいでしょう。**

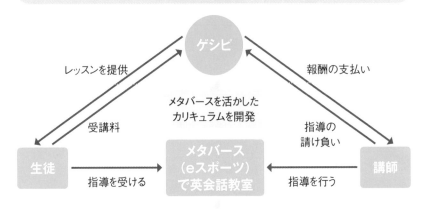

既存の英会話教室にはないビジネスモデル

ゲシピ

レッスンを提供 → ゲシピ ← 報酬の支払い

メタバースを活かした
カリキュラムを開発

受講料

指導の
請け負い

生徒 → メタバース
（eスポーツ）
で英会話教室 ← 講師

指導を受ける → 指導を行う

オンライン空間なので、いつでも
どこでも指導が受けられる・行える

保護者にもメリットがあるeスポーツ英会話

　eスポーツ英会話のビジネスモデルでお金を払うのは保護者です。子どもがやりたいと望んでも保護者の理解が得られなければ、入会者は増えません。そのため、ゲシピはショッピングモールや店舗で無料体験会を開催するなどして保護者にもeスポーツ英会話の魅力をPRしています。子どもが楽しんで英語を学ぶ様子や英語を積極的に話すことに感動する保護者は多く、無料体験会は新規入会者の獲得に寄与しているようです。

　また、塾やスポーツなどの習い事をするうえで子どもの送迎は保護者の負担になります。しかし、自宅で受講できるeスポーツ英会話はその負担がありません。このことも保護者にとっては大きなメリットとなっており、eスポーツ英会話が選ばれる理由になっています。

保護者のメリット

eスポーツ
英会話

- 子どもを送迎する必要がない
- 自宅で授業風景を見られる
- 低価格で子どもに英会話を習わせられる
- 子どもが積極的に英語を話す

これからが一番面白くなるゲシピの未来

eスポーツ英会話ビジネスは「これからの3年間が一番面白くなる」と真鍋氏は考えています。誰もやったことがない取り組みだからこそ、毎日新たな発見や経験ができて面白いとも語ります。投資家からも、足元は固めつつもより飛躍して世界を相手に成長していくことを期待されており、そのためさらに成長するためのさまざまなアイデアを考えているといいます。

　ゲシピは、本書で取り上げたスタートアップ企業でもっとも成長ステージが低いアーリーステージに位置していますが、その分スタートアップの魅力である個人の裁量で仕事ができる可能性があるでしょう。

　eスポーツを利用した勉強法は、日本だけでなく世界を見てもほとんど存在しません。そのため、ゲシピは既存の教育ビジネスにとらわれずにさまざまなことに挑戦していくと見られています。その過程で失敗することがあっても、その失敗を成功の糧とするのは変わりません。eスポーツ英会話を通じてやりたいことがあり、実現のために失敗を恐れない人には魅力的な企業といえるでしょう。

COMPANY -11- ユーグレナ

「人と地球を健康にする」を掲げた日本屈指のスタートアップ企業

Company DATA

代表取締役社長	出雲 充
設立年	2005年
ビジネスモデル	ユーグレナ（ミドリムシ）を使用した食品や化粧品の開発・販売やバングラデシュでのソーシャルビジネス等。近年は、バイオ燃料事業やアグリテック領域にも注力する。
主要サービス	食品や化粧品の製造、販売。バイオ燃料製造開発等。
社会課題	世界が抱える食料、エネルギーなどの課題をユーグレナを通じて解決する。
ユーグレナ·フィロソフィー	Sustainability First

ユーグレナ ∞
いきる、たのしむ、サステナブる。

監修者コメント

社会課題の解決に取り組む先駆者的な位置づけの同社。持続可能な社会作りに貢献する姿勢は、そのスケールからも起業家のモデルケースとして十分。バイオ燃料事業の拡大に期待。

ミドリムシの可能性を信じ続けるユーグレナ

　株式会社ユーグレナは、微細藻類ユーグレナを活用したさまざまな事業を展開しています。ユーグレナは食品やサプリメントの原材料になるだけでなく、バイオ燃料、飼料、肥料、バイオマスプラスチックと多岐にわたっての活用が可能。ユーグレナ社はこの可能性にかけているのです。

ユーグレナ社は、創業者であり代表取締役社長の出雲充氏が、東京大学在学中の18歳のときに生まれて初めての海外でバングラデシュへ行ったことからはじまります。

　バングラデシュで出雲氏は、およそ30％の子どもが5歳までに命を落としてしまうという深刻な健康事情を目の当たりにしました。子どもたちの死亡率の高さの原因は、栄養バランスの著しい偏り。バングラデシュは米が豊富ですが、炭水化物以外の栄養が不足していたのがその主な要因です。

　バングラデシュの現状に衝撃を受けた出雲氏は、栄養問題を解決するために、栄養素がバランスよく含まれる食材を探しました。そして、共同創業者となる友人の鈴木健吾氏から微細藻類ユーグレナのことを聞かされます。ユーグレナの可能性に光明を見出した出雲氏は、ユーグレナのビジネスを手がけようと決意しました。このように**ユーグレナ社の創業の背景には社会課題を解決したいという思いがありました。**

　ユーグレナの和名はミドリムシ。小学校の理科の授業で学習するミドリムシは、光合成をするだけでなく、動物のように動き回ることもできる微生物です。いわば植物と動物の両方の性質を持つ生命体で、川や池など水のあるさまざまな場所に棲息し、その種類は100ほど存在します。ユーグレナの優れた栄養素に気づいていた研究者は少なくありませんでしたが、当時はユーグレナの大量培養に成功した人は存在しませんでした。

　ユーグレナの大量培養が難しい理由は、皮肉なことにユーグレナの豊富な栄養素にありました。栄養価が高いユーグレナは雑菌や酵母、ミジンコなどから捕食されてしまうのです。つまり、大量培養を成功させるためには、培養中にほかの微生物が入り込めない状態を作り、

保たなければいけませんでした。

　この問題を解決する方法として、微生物の混入を防ぐのではなく、ほかの微生物が生育できず、ユーグレナだけが生育できる環境を作ればよいのではないかと出雲氏は思いつきます。そうして、酸性の培養液を使うことでユーグレナだけが育ちやすい環境を作り、世界で初めて食用としてのユーグレナの屋外での大量培養技術に成功しました。

サステナブルに貢献する食品事業

　ユーグレナ社の商品は、創業のきっかけとなったバングラデシュの子どもたちの栄養問題解決のためにも使われています。これは、ユーグレナ社のビジネスモデルの一例としても挙げられます。

　ユーグレナ社は2014年4月からはじまった「ユーグレナGENKIプログラム」によって、グループ会社を含む商品の一部をプログラムの運営に充ててユーグレナクッキーをバングラデシュの子どもたちに無償で配布しています。**ユーグレナクッキーで元気になった子どもたちは将来、大人になったときにユーグレナ社の商品を応援してくれるでしょう。つまり、ユーグレナ社は子どもたちの健康を支えながら、将来のステークホルダーにアクセスしていることにもなります**。さらにユーグレナ社はロヒンギャ難民の支援も行っています。

　その支援活動が、WFP（国際連合世界食糧計画）と連携したバングラデシュの小規模農家に対する緑豆の栽培技術支援とロヒンギャ難民に対するその緑豆を活用した食料支援です。この事業は2019年1月から合計して約4年間行われました。緑豆はバングラデシュの食生活を支える重要な作物の1つで、この事業を通じてのバングラデシュへの貢献もとても大きなものとなりました。

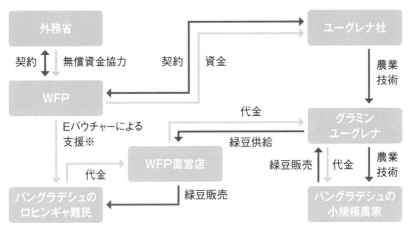

WFPとユーグレナ社の事業連携図

外務省 → ユーグレナ社

契約 無償資金協力 契約 資金

農業技術

WFP

Eバウチャーによる支援※

代金

緑豆供給

グラミンユーグレナ

WFP直営店

緑豆販売 代金 農業技術

代金

緑豆販売

バングラデシュのロヒンギャ難民

バングラデシュの小規模農家

※難民に発行するEバウチャーカードにWFPが毎月入金し、難民を支援する

ユーグレナ社の新たな挑戦、バイオ燃料事業

　ユーグレナ社ではヘルスケア事業に次ぐ事業として、バイオ燃料事業を展開しています。バイオ燃料とは植物や廃食油などの生物資源（バイオマス）を原料とする燃料です。近年、化石燃料に変わる存在として注目されています。**バイオ燃料のメリットの1つに二酸化炭素を今以上増やさないことがあり、「持続可能な社会の実現を達成する」というユーグレナ社の考えにマッチした事業です。**

　ユーグレナ社は、現在一般的なバイオ燃料の原料とされている廃食油にプラスして、将来的にユーグレナの油を原料にすべく研究に取り組んでいます。この取り組みが成功すれば、ユーグレナ社は持続可能な社会の実現に今以上に大きな貢献を果たすことになるでしょう。

　栄養問題だけでなく、環境やエネルギー問題の解決にも貢献が期待

されるユーグレナは、さらなる可能性を秘めているかもしれません。

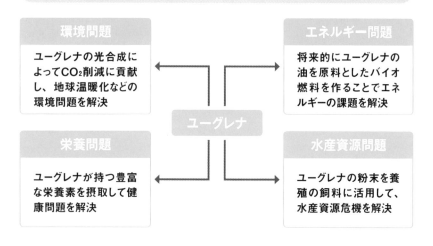

さまざまな問題解決に貢献するユーグレナ

環境問題
ユーグレナの光合成によってCO_2削減に貢献し、地球温暖化などの環境問題を解決

エネルギー問題
将来的にユーグレナの油を原料としたバイオ燃料を作ることでエネルギーの課題を解決

ユーグレナ

栄養問題
ユーグレナが持つ豊富な栄養素を摂取して健康問題を解決

水産資源問題
ユーグレナの粉末を養殖の飼料に活用して、水産資源危機を解決

入社1か月の新入社員が会社に大きく貢献した

　ユーグレナ社の事業が軌道に乗る際には、「ミドリムシクッキー」を日本科学未来館で販売したことも1つのきっかけとなりました。実は、ここでキーマンとなったのは入社1か月の新入社員でした。

　2009年に新卒で入社したばかりの朝山雄太氏は、日本科学未来館からの「『'おいしく、食べる'の科学展』という企画展でミドリムシを取り上げたい」という依頼を知り、自ら志願して担当になりました。

　朝山氏はこの企画展で「ミドリムシクッキー」を売ろうと取締役に直談判します。当時、ユーグレナ社では消費者の抵抗感を減らすため「ミドリムシ」という言葉は商品に使用していなかったのですが、科学に興味を持つ人々が集まる場所ということで、あえて「ミドリムシ」

という名称を使おうと考えたのです。

　朝山氏のアイデアは大きな成功に結びつきます。「ミドリムシクッキー」という名称のインパクトの強さから、多くのマスコミに取り上げられ、たくさんの人が商品を手に取って1万箱のクッキーを売り切ることに成功。その結果、ユーグレナの優れた点が世に広まりました。

　出雲氏は新入社員を「新入仲間」、中途入社の社員を「中途仲間」と社内で呼んでいるそうです。仲間と呼ぶことで、出雲氏の挑戦的なビジョンに共感した人々が集まり、朝山氏のように入社したばかりの社員でも挑戦することを恐れないという社風が醸成されたのでしょう。ユーグレナ社のこのような社風は上場企業となった現在も残り続けています。

会社の成長で社会課題の解決が実感できる

　出雲氏が会社の仲間たちと共有しているパーパスは、「人と地球を健康にする」こと。ユーグレナ社はこのパーパスを実現させるために今後も社会に大きく貢献していくことでしょう。

　社会課題の解決に関して、ユーグレナ社の姿勢を端的に示しているのが、同社が掲げる**「サステナビリティ・ファースト」というフィロソフィー（哲学）です。**

　サステナビリティは「自分の幸せが、誰かの幸せと共存し続けること」と定義されています。つまり、「人と地球を健康にする」ために会社の事業を拡大させることが、社会の幸せに結び付くという信念が表れているのです。

　こうした会社のあり方は、社会からの評価につながるだけでなく、働くモチベーションにも直結するでしょう。

手段はスタートアップ
だけではない

ここまでスタートアップのあれこれについて説明してきていきなり手の平を返すようですが、自分のやりたいことを実現するために、本当にスタートアップが理想的な唯一の手段なのか……ということを、もう一度見直す視点は大事です。

もちろん、自分のやりたいことを形にしたり、自分の目的を叶えるためにスタートアップを起業する、スタートアップ企業で働くというのは間違いではありません。しかし、ここまで説明してきた通り、スタートアップには大きな魅力や可能性がある一方、大きなリスクもあります。

令和の現在、昭和・平成に比べて働き方や仕事のあり方は、多様になりました。また、技術の進化、社会の価値観の変化なども起きています。そのため、ひと昔前では難しかった公務員や中小企業の社員として働きながら、革新・最新性あるアイデアやビジネスモデルを実現するための挑戦をすることもできるはずです。

スタートアップを立ち上げる、スタートアップで働くことは、「目標」や「目的」ではありません。自分のやりたいことをやりながら生計を立てる「手段」に過ぎないのです。公務員、中小企業の会社員、フリーランス、そしてギグワーカーなど、さまざまな働き方をしながら社会的な課題を解決しようとしている人も少なくありません。目的と手段を間違えないように注意しましょう。

おわりに

スタートアップという
道なき道を行く挑戦者たちへ

　「アイデアに価値はない。それを実行できて初めて価値になる」。これは、Google共同創業者のラリー・ペイジ氏の言葉です。また、Tesla創業者のイーロン・マスク氏は「アイデアを実行することはアイデアを思い付くより難しい」と述べています。

　「アイデアやビジネスモデルを考えたり、評価することは難しいことではない」。本書を読んでいただいた皆さんなら、きっとそう理解していただけるでしょう。しかし、それを実行することは簡単ではありません。世界的なスタートアップ企業を創業した彼らの言葉がそれを裏付けています。

　実行とは「挑戦」するということ。皆さんはこれから、スタートアップに（で）挑戦していくことでしょう。その際は失敗を恐れてはいけません。

　スタートアップは今までにない革新・最新性あるアイデアやビジネスモデルに挑戦していきます。前例がなければ、その挑戦がすべてうまくいく、なんてことは絶対にあり得ません。そこで大事なのは、失敗したとしてもそれで終わりにしないこと。その失敗は次の挑戦の糧になります。そういった失敗を数多く積み重ねてこそ、成功にたどり着けるのですから。

監修　池森 裕毅

1980年千葉県松戸市生まれ。東京理科大学中退後、起業家として4社立ち上げ、うち2社の売却に成功。現在は株式会社tsamでスタートアップ支援を行い、自身が経営するStoked Capitalで資金調達も支援。また、情報経営イノベーション専門職大学にて客員教授を務め、独立行政法人中小企業基盤整備機構では中小企業アドバイザーに就任。著書に『デジタル人材のシン・キャリアガイド—スタートアップの始め方』（2023年、ぱる出版）がある。

参考文献・参考サイト

『デジタル人材のシン・キャリアガイド—スタートアップの始め方』池森裕毅（著）／ぱる出版／ 2023
『STARTUP 優れた起業家は何を考え、どう行動したか』堀新一郎，琴坂将広，井上大智（著）／ NewsPicks ／ 2020
『スタートアップで働く』志水雄一郎（著）／ディスカヴァー・トゥエンティワン／ 2023
『スタートアップとテクノロジーの世界地図』山本康正（著）／ダイヤモンド社／ 2020
経済産業省 事務局説明資料（スタートアップについて）
https://www.meti.go.jp/shingikai/sankoshin/shin_kijiku/pdf/004_03_00.pdf

---

図解・ビジネスモデルで学ぶスタートアップ

2024 年 6 月 30 日　初版第1刷発行

監修者————池森 裕毅
ⓒ2024　Yuki Ikemori
発行者————張　士洛
発行所————日本能率協会マネジメントセンター
〒 103-6009　東京都中央区日本橋 2-7-1 東京日本橋タワー
TEL：03-6362-4339（編集）／ 03-6362-4558（販売）
FAX：03-3272-8127（販売・編集）
https://www.jmam.co.jp/

装丁————岩泉卓屋（IZUMIYA）
編集協力————木村伸司、山﨑翔太（株式会社 G.B.）
執筆協力————大越よしはる、龍田昇、山下大樹
本文デザイン————深澤祐樹（Q.design）
DTP————G.B.Design House
印刷所————シナノ書籍印刷株式会社
製本所————株式会社新寿堂

ISBN 978-4-8005-9236-1　C2034
落丁・乱丁はおとりかえします。
PRINTED IN JAPAN

【目次】

第1章

スタートアップとは何か

第2章

自分に適した
スタートアップで働く

第3章

スタートアップの
ビジネスモデルを評価する

第4章

現在、参考にすべき
スタートアップの
ビジネスモデル

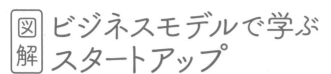

9784800592361

1922034018006

ISBN978-4-8005-9236-1
C2034 ¥1800E

JMAM

定価 1,980 円
(本体 1,800 円＋税 10%)

客注
書店ＣＤ：１８７２８０　　　０８
コメント：２０３４

受注日付：２４１２１２
受注Ｎｏ：１１５４７７
ＩＳＢＮ：９７８４８００５９２３６１
　　　　　　　　１／１
７２　　　　　　ココからはがして下さい